グローバル組織開発ハンドブック

Global Organization Development Handbook
by People Focus Consulting

3つの複雑性を5つの視点から考える

ピープルフォーカス・コンサルティング

東洋経済新報社

はじめに──なぜいま「グローバル組織開発ハンドブック」を書いたのか？

「グローバル」に活動する企業や組織の話題を、新聞やテレビのニュース等で目にしない日はない。ビジネスのグローバル化がもたらす変化の範囲と規模は、企業がこれまで遭遇してきたさまざまな変化とは同列に語ることが難しいほど大きい。腰を据えてさまざまな観点から考察するに値するテーマだと考える。

本書は、このようなグローバルな環境下にある組織の「組織開発」の指南書である。組織開発とは一言で言うと、組織を強固かつ健全にすることだ。組織開発とはいったいどういうもので、組織開発自体の進め方はどのようなものであるかについては、本書の姉妹版にあたる『組織開発ハンドブック』（東洋経済新報社、2005年）に詳細にまとめてあるので、参照いただきたい。前著の序章に掲載した「組織開発とは何か」を、本書でも「はじめに」の後に再掲したので、まずは確認いただきたい。

本書を刊行するに思い至った理由は以下の3つだ。

1つめの理由として挙げられるのは、2005年に刊行した『組織開発ハンドブック』のアップデートの必要性を感じたことだ。前著では、世の中に先駆けて組織開発なるものを紹介し、組織開発とは何かを説き、組織開発の進め方を指南したが、刊行から10年も経った。我々の組織開発の経験や知見もその間にずいぶんたまった。本書では、組織開発を進めるために必要な観点や示唆を、10年前には書いていないこと、書けなかったことも含め、あらためて整理したいと考えた。前著は日本国内で日本人によって構成される組織を前提として書かれていたが、その前提はいま読者の皆さんが組織開発を進め

ようとしている対象組織のイメージとずれてきているという人も少なくないはずだ。本書では製造や営業や開発などの活躍の場が日本だけではなくなったり、あるいは外国人がチームにも顧客にもいて、協働が求められたりといった状況が当たり前になりつつある現状にも対応できるような内容を目指した。

　2つめの理由は、グローバル化を推進する日本企業に貢献したいという想いだ。我々は、組織開発コンサルタントとして多くの企業の経営・組織運営とつぶさに接しているが、グローバル化をさらに推進する必要性を前にして、四苦八苦あるいは右往左往している企業は少なくない。多くの日本企業が有効な手立てを見出せずにいるなか、真のグローバル化を推進するのに組織開発こそが必要という考えを強く抱くようになった。多くの企業におけるグローバル化への対応はグローバル人材の育成に終始しており、いまだ、グローバル組織開発、すなわち、組織そのもののグローバル化に取り組んでいる企業は多くはない。組織開発の視点でグローバル化を読み解かなければならないと考えた。我々が培ってきたグローバル組織開発自体の経験や知見を共有することで、グローバル化推進の突破口を提供できればと考えた。

　3つめの理由は、グローバル化の文脈によって、もう一度組織開発の重要性を世の中に浸透できる機会と考えたことだ。かつて我々は、組織に健全さが失われる現象に問題意識を持ち、長期的な企業の成功には健全な組織づくりが必要、という考えを主張していった。いままた、グローバル化という環境変化によって、多くの企業組織があらためて健全さを問われているのではないかという問題意識を持つようになった。

　グローバル化に潜むさまざまな組織課題を解決するには、つまるところ、さまざまな違いを超えて人と人とのつながりを生み出し、組織としての方向性と価値観を共有し行動をともにする方法を見つけ出すことの重要性に目を向けることである。我々は、組織開発は、世の中を幸せに導くことができるきわめて有効な方法と考えている。民族、人種、宗教、文化、歴史……多くの多様性を超えて組織をつくり運営することこそ、グローバル化の根幹にある本質なのだ。いま一度、健全な組織運営の重要性に目を向けるべきときがやってきたのだ。

組織開発の観点から真にグローバルな組織をつくり上げるにはどうするべきなのか？　本書は、PFC社内の研究チームによる成果をまとめたものだ。グローバル化を推進しようとする企業で働く読者の皆さまに、何らかのヒントを提供できるものとなっていれば、望外の喜びである。

　2016年11月
　　（株）ピープルフォーカス・コンサルティング　代表取締役　松村卓朗

組織開発とは何か (『組織開発ハンドブック』から再掲)

1. 噛み合わない歯車

シンプルな問いかけから始めよう。

問1）あなたの会社は変わる必要があると思いますか？
問2）あなたの会社は良い方向に変わっていますか？

この本を手にとっている読者であれば、問1に対して、「はい」と答えることだろう。あなたの会社の同僚や上司、あるいは社長に聞いても答えは同じはずだ。

問2はどうか。意見が分かれるだろうが、過半数が「いいえ」と答えると推測する。

すると、重大な問題が浮上する。**変化の必要性の自覚を大半の社員が持っているのに、組織が良い方向に変わっていかないのはなぜなのか？**

この問題を掘り下げるために、さらにもう2つ、問いかけたい。

問3）あなたは、自分の会社を変えることができるでしょうか？
問4）あなたの会社が変化をすることの障害となっていることは何でしょうか？

ある大手メーカーで行った調査では、自分の会社は変わる必要があると考えている人が8割いた（問1）のに対し、自分が会社を変えるためにできることがあると思っている人（問3）は3割にも満たなかった。さて、あなたの問3に対する答えは、どうだっただろうか。

問4「自分の会社が変化をすることの障害となっていること」については、これまでにさまざまな意見を我々は耳にしてきた。

・頭の固い上司

- 現場を知らない経営陣
- 忠誠心の薄い若手社員
- コミュニケーションが足りない管理職
- コミュニケーションを避ける一般社員
- 自部署のことしか考えない部署の存在

など挙げればきりがないが、問3と問4に対する答えをひとまとめに言うと、こうだ。

「私は精一杯努力しているのに、他の人のせいで会社はうまく回らない。だから私に会社は変えられない」。

ここに問題の根源がある。皆が努力しているのに、なぜうまくいかないのか。それは、**それぞれの努力が噛み合っていない**からである。

我々は、クライアント企業において、階層別の話し合いの場を企画することが多々ある。経営陣、部長層、課長層、一般社員などに、それぞれ集まって議論をしてもらうのだ。どの層でも会社を良くするために涙ぐましいほどの努力をしているのがよくわかる。しかし、どの企業にも共通した問題の1つは、「他の階層は自分たちほどに事態を理解していないし、努力もしていない」と勝手に思い込んでいることだ。

このような企業を、**「組織の健全さが損なわれている」**と我々は定義している。

2. 組織開発とは、組織を強固かつ健全にすること

「健全な組織」とは、社員が活き活きと前向きな気持ちで仕事に取り組み、活発で前向きな議論が職場のあちこちで繰り広げられ、階層や部署を超えて互いに支え合うことのできる組織だ。そして、それぞれの努力が噛み合い、相乗効果を生み、組織は強くなる。**「健全さ」は、組織が強固であるために欠かせない要素である。**

経営コンサルタントのパトリック・レンシオーニ氏は、成功する組織に共通する特質として、「賢明さ」と「健全さ」の2つを挙げ（図1）、さらに、リーダーは、組織を「賢く」するよりも、「健やか」にすることに力を入れるべきだと主張している。

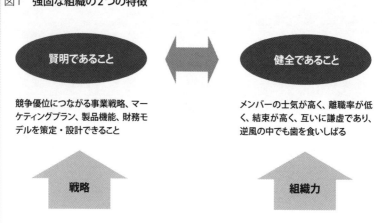

図1 強固な組織の2つの特徴

　実際、我々も経験上、同様のことを感じてきた。成功している企業とそうでない企業を比較した場合、その差は「賢明さ」より「健全さ」の方に圧倒的にあると思えるのだ（もっとも、従業員の平均偏差値と、企業の業績は相関関係にないということは、コンサルタントならずとも、大方の人が気づいているところであろう）。

　ところが、企業で行われている教育研修は、ビジネススクール的なカリキュラムなど、「賢明さ」を向上させることを目的としたものがほとんどだ。もちろん賢明であるに越したことはない。しかし、「賢明さ」を発揮できるような、「健全な」職場が用意されていなければ、どんなにすぐれた研修も不毛に終わりがちだ。

　では、国内の企業は「健全さ」についてこれまでどんな取り組みをしてきただろうか？「従業員の心の健康に取り組んでいる」という企業はある。しかし、メンタルヘルスやカウンセリングは、個人を対象とした「心の病気を平常に戻す」という領域であり、本書での「組織の健全さ」の定義とは異なるものだ。

　組織開発における「健全さ」は、組織が市場において勝ち抜き、次々と独自の価値を世に届け、組織として成功するための、強力な武器なのである。

メンタルヘルスのなどの考え方と区別するためにも、われわれは組織開発を**「組織を強固かつ健全にすること」**と定義した。

組織開発が従来の考え方と何が異なるのか、次節で詳しく見ていこう。

3．組織改革と組織開発

「組織改革や企業変革という言葉は聞き飽きた」という読者もいるかもしれない。しかし、我々の提案する組織開発は、そのいずれとも異なる。アメリカには組織改革を組織開発の領域と考える研究者もいるが、我々があえて「組織改革」ではなく「組織開発」と言う理由をまず説明したい。

改革には、「改革者」が存在する。既存の組織に問題があれば、改革者がそれをいったん壊してつくり変える。事業再編、リストラ、制度改変などがその典型例だ。外科的処方箋ともいえる。患者を手術台にくくりつけ執刀するのは医師＝改革者である。

一方、我々の考える組織開発には執刀医＝スーパーマンのような改革者はいない。主役は、組織に属する人々の１人ひとりだ。経営者、管理職、一般社員のすべてが主人公になり、自分たちのもてる力を十二分に発揮させ、協働の成果があげられるような組織風土づくりを目指す。組織に属する人の「動機」「価値観」「創意」や「人と人とのかかわり合い」に焦点を当てながら、環境変化に適応できる体質をつくる。

組織改革における外科手術と比較すれば、いわば漢方薬の処方や、日ごろの体力づくりや健康管理の部分にたとえられる（図2）。

冒頭で述べたように、ほとんどの組織の構成員は、組織を良い方向に変えたいと思っているのである。その思いを共有し、互いに刺激し合い、学習の糧とし合うことを組織開発は促進する。

もちろん、組織が危機的な状況にあるときは、執刀が必要なときもあろう。患者が大怪我をしたときには、漢方薬ではなく、止血のための外科的処置が必要だ。

しかし、外科手術の繰り返しは体力を消耗させてしまう。たび重なる制度改変、戦略の変更、リストラなどで、もはや組織の活力が枯渇してしまっているようなことはないだろうか。組織改革を行う前には、まずは手

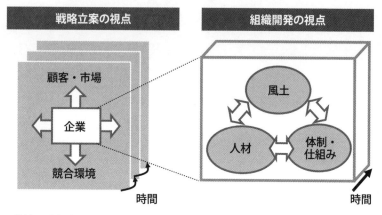

図2 組織開発は戦略立案を越える取り組み

術を乗り切るだけの体力をつけなければならない。

　成果主義の人事制度を導入した企業の多くが健全さを失い、失敗している原因も実はここにある。「賢明な」人たちが苦労してつくったその制度は、非常に綿密に練られた質の高いものであることが多い。しかし、せっかくのその制度が、社員のモラールをますます低下させ、人間不信を生み出している。残念ながら、この組織には成果主義という強い作用をもつ薬を受け入れる体力がなかったのだ。

　もっとも、組織改革と組織開発を同じものとして定義する考え方もある。たしかに両者に明確な境界線をつけることは難しい。組織の潜在的な力を活用しながら組織改革を進めるのが、組織開発的改革であると理解していただいてもよいと思う。

4. 人材開発と組織開発

次に、組織開発を、人材開発の観点から考えてみよう。この2つを対比させることで、組織開発の本質がより深く理解できる。

人材開発は文字通り「人材」すなわち「個々人の能力」を目的としている。しかし、組織を活性化させるためには、それだけでは十分ではない。**個々人の能力がたとえいくら高くとも、それが活かされるような組織の土壌がなければ成果が現れない**からだ。ここで、人の集合体である「組織の能力」を開発することを意図した「組織開発」が登場することになる。

組織開発のための研修であれば、研修参加者が互いの能力を認め合い、補い合い、議論や共同作業を通じて、シナジー効果を生み出せるようになることを図る。つまり、自己啓発にとどまらない相互啓発を重視する。

現在、多くの企業が人材育成のあり方を見直し、熱心に取り組んでいる。たとえば、全員強制参加の階層別研修を改め、「手上げ方式」で学びたい人に学ばせるカフェテリア式を導入している。また、選抜者に対する教育が浸透しつつある。

しかし、ある部署から1人か2人が手をあげて、あるいは選抜されて、新しいスキルを身につけたとしても、他の大多数がそのスキルを知らなければ、研修成果を職場で発揮するには限界がある。

組織開発として研修を行うのであれば、「研修に送り込んで終わり」という発想にはなり得ない。「研修に送り込む側」と「研修提供者」はパートナーとなり、どのような組織をつくりたいのかというビジョンの共有に始まり、研修の成果をあげる責任を分担することとなる。

カリキュラムについても同様だ。カフェテリア方式にしても選抜者教育にしても、どの企業でも似通ったカリキュラムで行っている。しかし、組織開発の観点から人材教育をとらえた場合、まず研修カリキュラムの徹底的な見直しが欠かせない。まず組織のミッション、ビジョン、価値観、行動規範などを検討・明確化し、それを実現するために必要なスキルを洗い出す。研修プログラムはその結果に基づいて、組織開発コンサルタントの助けを借りながら独自に開発されるべきだ。

社員のエンプロイヤビリティ（雇用されやすさ）を高めることも企業の

図3　人材育成について

	これまでの人材育成	組織開発における人材育成
対象者	希望者、もしくは選抜人材	組織ごと
カリキュラム	一般的な内容	組織のビジョンや価値観、行動規範に基づいて開発された内容
教育手法	自己啓発	相互啓発
目的	社員のエンプロイヤビリティを高める	自組織でこそ、十二分の成果があげられる

義務の1つであるという意見もある。しかし、自社の社員を他社で活躍できるように教育するというのは、理にかなわない。エンプロイヤビリティを高めるのは個人の自己責任だ。**企業の務めは、社員が「この組織にいると自分の能力以上の力が発揮できる」ようにすること**である（図3）。

　繰り返し言おう。我々は、この10年間、企業研修を通じて数百社の企業の社員と接してきた。高業績企業と低迷している企業の社員1人ひとりの能力に差を感じたことはない。しかし、研修の場の雰囲気は大きく異なる。高業績企業の社員は、疑問を口にすることをためらわず、自分とは異なる意見に耳を傾け、学習は自己責任と心得ている。講師も受講者から学ぶことが多い。

　一方、健全でない組織の社員は、研修の批評家に徹しているか、日常業務で感じている被害者意識を吐き出している（「上司が変わらない限り、いくら研修を受けたって無駄だ」など）かのどちらかだ。

5．強固さと健全さの好循環

　組織が健全であることが、組織を強くする鍵だと述べてきたが、「健全さ」を犠牲に組織を強くしようとすることが、実際は見受けられる。「強固さ」と「健全さ」を同時に成り立たせることに矛盾を感じる読者もおられるかもしれない。

図4 強固さと健全さの対比

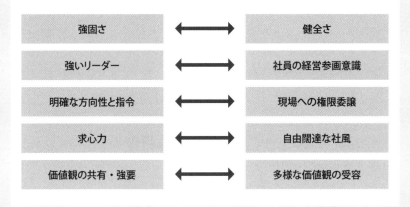

　たとえば、組織を強くするためには、トップが明確な方向性を打ち出し、現場の抵抗に怯むことなく迅速に施策を実行することが肝要であろう。
　一方、組織を健全にするためには、社員の納得感を醸成すべく、現場の意見を吸い上げ、権限を委譲し、働く個人の創意工夫を支援することが求められる（図4）。
　では、健全さと強固さが二律背反の関係かというと、そうではない。一時的に組織を強くする（＝業績を上げる）ために健全さを犠牲にする方法が手っ取り早かったとしても、継続的に勝ち続けるためには健全な組織ではなくてはならないはずである。
　この一見相反する2つの概念を前に、「バランスをとる」ことによって中途半端になってしまうのでは意味がない。**エクセレントな企業は例外なく強固さと健全さを両立させている。**つまり、この2つの概念を相反する軸ではなく、発展・成長のための組織開発サイクルとして考えることが必要である。

目次

はじめに──なぜいま「グローバル組織開発ハンドブック」を書いたのか？ ……… 1

組織開発とは何か（「組織開発ハンドブック」から再掲）……………………………… 4

序章
日本企業に必要なグローバル組織開発 …… 17
──シミュレーション・ストーリー：原宿興業

- 序・1　見えない「グローバル化のビジョン」（会社の進む方向性）……………… 17
- 序・2　定まらぬ「グローバル人材像」（本社経営会議）………………………… 19
- 序・3　場当たり的な海外赴任者育成（グローバル人材トレーニングの現状）… 20
- 序・4　日本式管理の問題点（海外現地社員の不満）…………………………… 22
- 序・5　通じない日本式の人事評価と非常識な採用プロセス（グローバル化が遅れている人事）…… 24
- 序・6　板挟みで疲れ果てる現地駐在員（現地の苦悩）………………………… 26
- 序・7　理解されない経営層からのメッセージ（グローバルでの理念浸透）…… 28

第1章
グローバル組織開発とは …… 31

- 1・1　周回遅れの"人と組織"のグローバル化 …………………………………… 31
- 1・2　"組織"のグローバル化の必要性の認識が薄い日本企業 ………………… 33
- 1・3　組織のグローバル化の発展段階 …………………………………………… 35
- 1・4　組織の真のグローバル化に不可欠な「グローバル組織開発」…………… 38
- 1・5　グローバル組織開発に立ちはだかる3つの複雑性 ……………………… 40
- 1・6　CSPの複雑性がもたらす困難 ……………………………………………… 43
- 1・7　グローバル組織開発を始めよう …………………………………………… 45

第2章
グローバル「チーム」をつくり運営する …… 49

- 2・1　チームづくりはグローバル化の重要課題 …………………………………… 49
- 2・2　国際提携は現場のチーム運営で破綻する ………………………………… 51

2・3	日本企業が得意だったはずのチームワーク	53
2・4	そもそもチームとは何か	56
2・5	チームを機能させる「ベクトル」「プロセス」「ヒューマン」	58
2・6	チームをハイパフォーマンス・チームに進化させる	61
2・7	グローバルなチームづくりに立ちはだかるCSPの壁	65
2・8	グローバルチームにおけるCの複雑性	66
2・9	Cの複雑性を乗り越えるマルチカルチャー・チーム	69
2・10	グローバルチームにおけるSの複雑性	73
2・11	Sの複雑性を乗り越えるマトリックスチームづくり	75
2・12	グローバルチームにおけるPの複雑性	78
2・13	Pの複雑性を乗り越えるバーチャルチームづくり	79
2・14	まとめ：目指すべきグローバル・ハイパフォーマンスチームの姿	81

第3章
「ダイバーシティ」をグローバルに活かす … 85

3・1	日本企業が取り組み始めたダイバーシティ	85
3・2	ダイバーシティの「表層」と「深層」	87
3・3	ダイバーシティ・マネジメントとは何か	89
3・4	日本企業のグローバル・ダイバーシティの現在地	91
3・5	日本企業が無意識にとってきた「同化」アプローチ	93
3・6	日本企業の不人気を招いてきた「分離」アプローチ	96
3・7	欧米先進企業が進める「統合」アプローチ	98
3・8	グローバル・ダイバーシティマネジメントの困難	101
3・9	Cの複雑性から見るグローバル・ダイバーシティマネジメント	102
3・10	Sの複雑性から見るグローバル・ダイバーシティマネジメント	106
3・11	Pの複雑性から見るグローバル・ダイバーシティマネジメント	109
3・12	欠かせないグローバル・タレントマネジメント	111
3・13	増す人事の役割の重要性	114
3・14	公平な運用から公正な運用へ	116
3・15	グローバル・タレントマネジメントの実現の鍵を握る現場の運用力	117
3・16	優秀人材確保のためのマイノリティ戦略	119
3・17	まとめ：真のグローバル・ダイバーシティに向けて	121

第4章
グローバルに「バリューズ」を浸透させる … 123

- 4・1 バリューから世界基準の「バリューズ」へ … 123
- 4・2 バリューズとは何か … 124
- 4・3 バリューズ浸透は業績向上をもたらし、競争力強化につながる … 127
- 4・4 バリューズはなぜ業績を向上させるのか … 128
- 4・5 CSPの複雑性にバリューズ浸透で対応 … 131
- 4・6 バリューズ浸透の5ステップ … 133
- 4・7 バリューズ浸透ステップ①　見える化する … 135
- 4・8 バリューズ浸透ステップ②　引き出す … 137
- 4・9 バリューズ浸透ステップ③　結びつける … 139
- 4・10 情緒的理解で顕著となるCSPの複雑性への対処 … 141
- 4・11 バリューズ浸透ステップ④　活かす … 144
- 4・12 バリューズ浸透ステップ⑤　測る … 146
- 4・13 バリューズのグローバル浸透で日本企業が陥りやすい落とし穴 … 148
- 4・14 日本語のままでも伝わるバリューズ … 149
- 4・15 企業の一貫した姿勢が情緒的理解を生み出す … 151
- 4・16 バリューズの自問自答が行動的関与を喚起する … 153
- 4・17 まとめ：バリューズのグローバル浸透の効果的な方法を探り続けよう … 155

第5章
グローバル「チェンジ」を推進する … 157

- 5・1 グローバル・チェンジとは … 157
- 5・2 グローバルでのソフト面の変革の難しさ … 159
- 5・3 グローバル・チェンジの失敗 … 160
- 5・4 全体統一と現地適合のバランス … 162
- 5・5 本社組織と現地組織および個人の間のギャップ … 164
- 5・6 グローバル・チェンジに立ちはだかるCSPの複雑性 … 166
- 5・7 CSPの複雑性に対処したグローバル・チェンジ … 168
- 5・8 グローバル変革プロジェクトの推進マネジメント・プロセス … 170
- 5・9 ①変革プログラムの策定 … 172
- 5・10 ②全体統一と現地適合のバランス決め … 174
- 5・11 ③変革実行体制の整備（チェンジ・エージェントの育成）… 176

5・12	④変革のベクトル合わせ	177
5・13	⑤変革実行のグローバル展開(ロールインとロールアウト)	178
5・14	まとめ：グローバル組織開発は「チェンジ」の連続	180

第6章
グローバル「リーダー」になる／「リーダー」を育てる … 183

6・1	リーダーの「育成」も組織開発の一部	183
6・2	明確でないグローバルリーダー像の弊害	185
6・3	グローバルリーダー像の再定義	189
6・4	グローバルリーダーに必要な6つの資質・行動	192
6・5	グローバルリーダーの具体例	194
6・6	日本人グローバルリーダーの前に立ちはだかるCSPの複雑性	198
6・7	Cの複雑性を乗り越える日本人リーダー ──マイクロマネジメントから抜け出す	200
6・8	Sの複雑性を乗り越える日本人リーダー ──制度を現場で徹底運用する	202
6・9	Pの複雑性を乗り越える日本人リーダー ──グローバルファシリテーション力を発揮する	205
6・10	グローバルで効果的なリーダーシップを発揮するにはどうすべきか	207
6・11	リーダーの学びのサイクルを構成する「経験」「客観視」「内省」「学習」	209
6・12	学びのサイクルを効果的に回していくためのコーチングのサポート	213
6・13	「学びのサイクル」を回していく最大の原動力	217
6・14	まとめ：タレントマネジメントで人材を見きわめ育てる	218

おわりに ……… 221

序章 日本企業に必要なグローバル組織開発
──シミュレーション・ストーリー：原宿興業

　本編に入る前に、ある架空の日本企業におけるグローバル化の推進状況について、ストーリー形式でご紹介したい。我々が接する様々な企業における事例を組み合わせてつくり上げたものだが、読者の皆さんにも思い当たる点があるはずだ。まずは、日本企業にありがちな現状について皆さんと共有したい。

> ［登場人物］
> **田中**：原宿興業の社員。アジアにあるＡ国への勤務を命ぜられる。日本では情報システム部にいたが、Ａ国勤務に伴って国際業務部へ転属。
> **高山**：原宿興業の国際業務部部長。田中の上司。
> **峰原**：Ａ国事業所の事業所長。
> **バンタム**：Ａ国事業所のシステム管理者。
> **宿田**：原宿興業の社長。
> **木下**：原宿興業の人事部長。

　見えない「グローバル化のビジョン」
（会社の進む方向性）

　原宿興業は歴史ある大手企業。生産拠点の海外移転を進めてかなりの年月

が経つが、ここ数年は、海外市場の開拓にも力を入れている。今後は生き残りをかけた本格的なグローバル化を進めるために、向こう5年の中期目標として「売上に占める海外比率を20％から50％にアップ」および「海外事業所での生産効率の50％向上」という2つが掲げられていた。

　毎回の役員会においても、海外事業戦略施策が重点課題として時間をかけて話し合われている。しかし、トピックがグローバルになったからといっても、議論の進め方の構図はこれまでと何ら変わるものではなく、いまの組織のありようがそのまま表れるものだった。課題が何であれ、議論の行方は、終いには部門の対立を深めるようなことに結びつく。

　営業担当の役員が「生産性向上に伴う目に見えるコスト競争力の改善がなければ、市場開拓できず、売上アップができない」と意見すれば、生産担当の役員からは「これだけ潜在的に大きな市場を前にしながら、開拓がほとんど進んでいないから、採算が苦しくなるのだ」との反論が出て、議論は平行線をたどる。宿田社長は「生産性向上か市場開拓か、どちらが先かという優先順位の議論ではない。グローバルでの目標達成は議論の余地なしだ。達成できなければ生き延びることはできない。やれることはすべて着手するのだ」と一喝する。

　社長からは全社的にも、グローバル化推進の強いメッセージが繰り返し伝えられていた。会社のホームページにも「グローバルカンパニーになる」というビジョンが大きく載っていた。しかし、原宿興業の情報システム部に勤める田中には、グローバル化のビジョンを聞いてもピンと来ないというのが正直なところだった。社長からは、グローバル化の理由として「今後縮小する一方の日本市場では生き残れない。国内での収益のマイナス分をグローバルで補うということが中期ビジョンだ」としか語られない。特にアジアに力を入れる理由も、「競合他社から遅れをとるわけにいかない。どの企業も市場が伸びているアジアに力を入れている」と繰り返されるだけだ。

　（これはとてもビジョンとは言えない）と田中は思った。日本の市場が縮小するからという理由は、進出先の国にとってはまったく関係ないことだ。少なくとも田中は、そのような後ろ向きで自分本位な理由ではなく、原宿興業がアジア諸国やその社会にどのように貢献できるのかという視点が入ったビ

ジョンでなければ、日本以外で活躍する仲間たちが目標を共有することはできないと思った。

> 　読者の皆さんの企業では、目指すグローバル化の方向性は明確になっているだろうか。ビジョンには、単に売上などの数値目標だけではなく、「どのような姿になるか」が掲げられているだろうか。「グローバル化する目的」は明確に語られているだろうか。日本市場が縮小するからという理由だけではなく、その国や社会のニーズや問題解決にどう貢献するかといった目的が共有されているだろうか。

序・2　定まらぬ「グローバル人材像」（本社経営会議）

　ある日、田中は本部長を補佐するために、経営会議に出席することになった。この日の経営会議では、「グローバル人材の不足」がテーマとして取り上げられていた。

　「こんなペースではとても足りない。グローバル人材を早急に育成せよ」という大号令を社長は発していた。社長の苛立ちを見て取った役員たちは、「そもそもグローバル人材とはどのような人材か」ということについて議論を始める。

　「海外拠点に赴任ができるのがグローバル人材だ」と、海外拠点の駐在員とほぼ同義だと思っている役員が少なからずいた。あるいは、ある役員が「語学に不自由がない人材をとにかく多く育成することだ」と述べると、「言葉なんて手段にすぎないよ。英語なんか下手でもよいからまずはリーダーシップが発揮できる人材育成こそが重要だ」との反論が出る。それを受けて、「グ

ローバルリーダーといっても、日本で活躍できるリーダーと何ら変わらないはずだよ」といった発言もあった。終いには、「真のグローバル人材とは、むしろ現地を知り尽くした超ローカル人材のことで、現地人材でなければ市場開拓できないのではないか」といった意見も出た。

議論はたしかに活発であった。しかし、各自が自らの考えるグローバル人材像について語っているにすぎなかった。グローバル人材育成の重要性の認識は一致しているものの、議論をしている役員たちの間で、グローバル人材がいかなる者を指すのか、そのイメージが一致していないことは明らかだった。

田中は議論を聞きながら、そもそもグローバル化の戦略施策を考えたり、グローバル人材を論じるのに、ここにいるような人たちでここで行うことがふさわしいのかと考えていた。役員たちが日本にいながらにして、しかも日本人だけで本当に意味がある議論ができているのだろうか、と。

> 読者の皆さんの企業では、「グローバル人材像」は明確だろうか。組織でグローバル人材はどうあるべきかの議論をし、認識合わせを行えているだろうか。そもそも、グローバル人材像やグローバル化推進の議論自体を、限られた人たちで閉じたところで（たとえば日本で日本人だけで）行わず、さまざまな視点が議論に入る開かれた健全な場で行っているだろうか。

序・3 場当たり的な海外赴任者育成 （グローバル人材トレーニングの現状）

中期目標「海外事業所での生産効率の50％向上」を実現すべく、田中がマネジャーとしてA国に赴任することになった。この異動は、海外赴任である

ことに加え、田中にとっては初めて管理職となるという意味も持っていた。しかも、あとになってわかったことだが、A国事業所は規模も小さく、日本人の数が少ないので、田中のポジションは、現地では事業所長に続く実質ナンバー2という要職だった。

　辞令を受けた田中は、「海外赴任者研修」を受けることになった。原宿興業の海外赴任者研修は、赴任前の2カ月間に、1日研修と、外国人講師による毎夕のビジネス英語のレッスンで構成されていた。1日研修は、現地の文化や宗教についてのレクチャーを受けたり、異文化コミュニケーションのスキルを学ぶといった内容だった。

　田中は、英語のレッスンが非常に重要と考えていた。日本で学校教育を受けてきて平均的な日本人の英語力しか持ち合わせていない田中にとっては、書いたり読んだりするのは何とかなると思ったが、ヒアリング力やスピーキング力はこの2カ月で伸ばさなければ現地ではやっていけないのではないかと不安だったからだ。しかし、海外勤務が決まったからといって仕事が減るわけではなく、レッスンをキャンセルせざるを得ない日も少なくなかった。これまでも、会社がグローバル推進の強化方針を打ち出してからというもの、週に1回のグループレッスンを受ける機会はあった。仕事の忙しさが理由で田中の出席率はよくなかったが、忙しさ以上に問題だったのはモチベーションだった。田中はいまさらながら「海外赴任が決まったら頑張ろう」「語学は現地に行ってからの方が伸びるだろう」などと悠長なことを考えていた過去の自分を悔やむのだった。

　ただ、このときはまだ、今回の任務の困難さは、海外への赴任ということより、マネジャーの役職に就くことの方が大きいことに気づいていなかった。語学力が付け焼き刃では大して伸びないのなら、リーダーシップやマネジメントスキルこそもっと学んでおくべきだったと現地に行ってから後悔するとは、この時はつゆほども思っていなかった。

　赴任の日が近づいてきて、田中は情報システム部から国際業務部に転属となった。国際業務部に出向いてみると、原宿興業にあって、この部署だけがやけにグローバル色が著しく、田中はまるで違う会社に来たように感じた。最近、原宿興業は外国人の採用を積極的に進めていたが、日本で教育してか

ら海外に送り込むという流れになっており、採用された外国人のほとんどはまずはこの部署に集められていた。あまりにも他部署と異なる雰囲気を感じたのはそのせいだったが、田中としては「グローバル化を進めるなら、せっかく社内にいる外国人と普段から仕事でもっと接する機会を持てればいい練習になったのに」というのが正直な気持ちだった。

以前、田中の上司だった国際業務部の部長の高山は「君のような部下をマネジメントするのも大変だと思っていたが、最近は外国人が増えて、あの頃とはまったく別の苦労をしているよ」と笑い、「海外赴任先では君も頑張れよ」と歓迎してくれた。

> 　読者の皆さんの企業では、グローバル人材育成のために、普段からどのような教育が行なっているだろうか。また、海外赴任前にはどのようなことを行われいるだろうか。それらは、単に語学や現地事情の予習などにとどまらず、赴任先で真に必要となる内容、たとえばリーダーシップやマネジメント教育が、赴任経験者からのフィードバックを踏まえ、効果的に組まれて実施されているだろうか。

序・4　日本式管理の問題点
（海外現地社員の不満）

　夏のある日、田中はA国事業所に赴任した。赴任初日、事業所のすべての社員を前に、事業所長の峰原から紹介をされる。峰原は、田中の10歳年長で、本社でのマネジャーからこの事業所のトップに抜擢された人物だ。田中は皆が集まった場で、気張った挨拶をした。最初だけ英語を使ったが、途中からはまだ自信が持てない英語をあきらめて、通訳に入ってもらった。第一

印象が大切と考え、自身の日本での実績のアピールから始めた。
「私は日本では大手企業や政府を相手に、多くのプロジェクトを手がけてきた。その成果が、日本の〇〇社の生産性の高さに結集している。百聞は一見に如かず、皆さんも一度機会をつくって是非日本まで見に来てほしい」
さらに、マネジャーとしての威厳を示す必要があると考えた田中は、挨拶もそこそこに、檄をとばした。
「日本有数の我が社の技術とネットワークを生かせば、この国でも必ず成功できる。生産性向上の目標に向けて一丸となって頑張りましょう！」
集まった現地社員の面持ちからは、どれくらい内容が伝わっているのか、話が響いているのか否か、よくわからなかった。「現地社員はおとなしい」と聞いていたので、さして驚きはなかった。しかし実際のところ、現地社員たちは冷めていた。誰も面と向かって言う者はいなかったが、陰では
「どうせまた数年で日本に帰るんだろう。威勢のいいのもいまのうちだよ」
「今度の日本人は、どんな人だろう。細かい人は勘弁だよな」
といったやり取りをしていたようだ。

田中もようやく新しい環境に慣れてきた頃、日本本社の人事担当から電話があった。赴任してしばらく経つので、環境に慣れたかと本社が心配してくれているのだと思ったが、そんな生易しい内容ではなかった。
A国の従業員から、日本人の駐在員マネジャーである田中のことで苦情が入ったのだという。
「もうこれ以上耐えられない、この環境でやっていくのは無理だ。仕事のすべてに首をつっこんできては、詳細に報告を求め、やり方にも口を出してきて、やりにくくて仕方ない」という苦情だった。
田中は（冗談じゃない）と思った。報連相は仕事の基本だ。日本人なら学校を出てすぐの新入社員のうちに学んで、きちんとできるようになるのに、ここではそれができないことに、イライラしている最中だった。
「仕事がきちんと進むように報告を毎日あげてもらっているだけです。業務過程でも手伝えることは一緒に作業してあげています」冷静を装ってそう答えるのが精一杯だった。

この一件があってから、田中は部下に不信感を抱き、チームの信頼関係の構築に難を抱えるようになった。こうしたことをはじめ、田中にとって理不尽と思うことは数えられないほど起こったが、何があっても、最後は「数年の辛抱」と自身に言い聞かせるのだった。

> 　読者の皆さんの企業では、海外の拠点で、日本人赴任者の言動が現地人から不満を抱かれてはいないだろうか。日本企業に勤める現地の外国人が多くの不満を抱えている組織は少なくなく、その不満の多くは、日本企業や日本人がそのまま日本のやり方を持ち込んでいることや、赴任者が本気でその国と向き合おうという姿勢が足りないことなどに起因するが、そのようなことに心当たりはないだろうか。

序・5　通じない日本式の人事評価と非常識な採用プロセス（グローバル化が遅れている人事）

　田中が赴任して半年ほど経ったとき、バンタムが辞めた。バンタムは、情報システム構築の経験も豊富で、優秀な人材だった上、現地人のリーダー的存在だったため、退職の影響は大きかった。
　バンタムは、田中との評価面談で、「私の何がいけないのですか」と言ってきた。田中が「いけないなんてとんでもない。非常に評価しているよ」と伝えると、「ならば、なぜ「S」の評価ではないのか。どうしたら「S」の評価がもらえるのか」と問い返してくる。どうしたらと言われて、田中は困った。「S」の評価はそう簡単には出せるものではないと考えているし、田中にしても「S」なんてもらったことはないので、わかりようがない。そもそも、日本では自分はもらった評価をそのまま受け入れていたし、評価に対してこうも

真っ向から反論するなど、ありえないことだった。面食らう田中にバンタムは、「給料を上げてほしい。ポジションも上げてほしい」と続ける。
　そう言われても、いまのところ管理職は日本からの赴任者のポジションと決まっているのだから、現地採用社員の出世が頭打ちなのは自分のせいではないと田中は思った。「そう簡単に上がる仕組みになっていないので、すぐには難しいが考えておく」と答えると、バンタムは、不満げな、落胆した表情を浮かべた。バンタムが辞表を提出したのは、その翌朝のことだった。

　バンタム辞職後の情報システムの構築プロジェクトの立て直しは急務だった。田中は、次期リーダーの人選のため、さまざまな現地人社員にヒアリングを行った。しかし、処遇を変えずに責任だけ重くなるリーダーの役割を引き受けてくれる現地社員はおらず、人選など進みようがなかった。
　仕方なく、社外の人材に目を向け、採用面接を始めた。1次面接は日本から人事部員に1人来てもらって分担して行うことにした。
　面接前には田中も履歴書にパラパラと目を通したが、いつしか履歴書を見るのをやめてしまった。日本での履歴書と違って、写真も貼られておらず、性別も書いていないので、まったくイメージが湧かないのだ。この国では、書類で性別を問うたり、見た目がわかる情報の提出を求めることはできないということが一般的だと田中が知ったのも、ごく最近だ。
　ある日、ちょっとした事件が起こった。日本から来た人事部員に任せていた面接で、途中で怒って出て行った候補者がいるのだという。面接会場に入ってきた候補者を見て、「ずいぶんお若いんですね」と言ったことが原因らしい。バンタムに代わる経験豊富な人材を探していたので、自然に出た一言だった。候補者は、「私は求められるスキルの要件は十分に満たしているはずです。原宿興業では、年齢が採用基準なのですか？」と言い残して、部屋を出て行ったのだという。
　田中は、本来グローバルな組織づくりを牽引しなければいけないはずの人事部員が、このような見識では困ると頭を抱えた。現地の管理職に日本からの赴任者を配置しているのも本社の人事部だ。実は本社の人事部こそ、グローバル化が最も遅れているのではないかと田中は疑問に思うのだった。

> 　読者の皆さんの企業は、現地で十分に人気を得ることができているだろうか。日本企業が人気のない根本原因は、とりわけ、日本人と非日本人を区別する仕組みにあることが多いが、そうした原因によって競争力を失ってはいないだろうか。先頭に立ってグローバル化を推進しなければならないはずの人事部が、実は、遅れをとってはいないだろうか。

序・6　板挟みで疲れ果てる現地駐在員（現地の苦悩）

　遅々として進まないプロジェクトに加え、本社から指示された期限や、事業所長の峰原からの要求、現地社員の問題に、田中は次第に板挟みになっていく。本社国際業務部の高山部長とは、インターネットの会議システムを介した定期的な打ち合わせを行っていたが、ここ最近は具体的な相談がしたくても、販路拡大のために海外出張の多い高山のスケジュールのおかげで、ミーティングのキャンセルが相次いでいた。

　それでも今日は、現地の組織の立て直しという差し迫った課題を話し合うべく、田中は本社の人事部の木下部長と、アフリカに出張している高山とのミーティングをインターネット回線を結んで行う段取りにこぎつけた。高山のいるアフリカ時間に合わせて、会議は深夜に行われた。田中は必死にA国での実情を述べたが、いつの間にか、高山の方の回線が途切れていた。ようやく高山の回線が復活したときには、木下は別件があるらしく「田中くんから、いまの話、高山さんも聞いておいて」と言って離脱する。田中は、30分ほどの話を再度、高山にするのだった。

　田中は「現地の情報システム部門のリーダーだったバンタムが辞職し、それに代わる人材がおらず、さまざまな施策のスケジュールに大きな支障をき

たしている」「スケジュール通りに進めるには、現地スタッフを複数名新規採用することが必要」といったことを話した。木下からの「欠員補充は致し方ないとして、それ以上の採用を認めるのは難しい」という意見を伝えると、高山は「その通りだ。補充以上の採用は一度、本社の役員会議にかけて、経営層の判断が必要だ」という。

結局、経営層は採用の拡充に首肯してくれなかった。残りのメンバーで補填する方法を考えるのが田中の仕事だと言う。「みなで協力してことに当たれ」とにべもない。

肩を落として田中が現地に戻った1カ月後、本社から役員の現地視察の連絡があった。一向に進まないプロジェクトに業を煮やしたような風もあった。

案の定、A国にやってきて開口一番、「なぜ期日が守れないのか。期限に間に合わせるのはビジネスの基本だ。ちゃんと守らせればいいだけのことだろう。そんなこともできないのに、文句ばっかり言ってくるのは聞く必要ないよ」と、役員は言い放った。正直に「赴任してまだ間もないし、全員とコミュニケーションできているわけではない。日本と勝手が異なるので管理も難しい」と反論してみたが、「決まったことを現地に浸透させるのが君の仕事だろう。たかだが数十人くらいを説得できないでどうする!」と叱責されてしまった。その言い方に田中は「だったら、お前がここに来てやってみろ」と思ったが、もちろん口に出せるはずもなかった。

今日も田中は残業だ。社員は皆帰ってしまった。毎日居残りするその姿に、現地社員が「ワーカホリック」と揶揄していることを田中は知らない。

　読者の皆さんの企業では、海外赴任者が、本社と現地の板挟みになって疲れ果てるような状況に置かれていないだろうか。
　あるいは、海外赴任者が孤立しないよう、本社からのサポートは十分に行われているだろうか。そして、本社と現地がチームとなって機能するよう、また、現地の経験を本社が蓄積し、今後に活かすような体制になっているだろうか。

序・7 理解されない経営層からのメッセージ（グローバルでの理念浸透）

　現地視察を兼ねて訪れた役員は、次の日に現地社員全員を集め、「訓話」と称した話をした。
　まずは、グローバル化の戦略を語り、業績目標の1つひとつを確認した。パワーポイントの資料にして30枚を超える大作だった。
　長い「訓話」の最後を締めくくったのは、「会社の理念」についてだった。「我が社の理念は"顧客とつながれ"Connect with clientsだ。皆さんはこれを日々実践していますか？」
　聞いた現地社員は、きょとんとしている。
　「日本人は和を大事にする。情けは人の為ならずという言葉もある。顧客とつながる、顧客を助けることで、いつか自分たちにも戻ってくると考えて、顧客を大事にしよう。日本企業の素晴らしさをここでも顧客にわかってもらってください」
　現地社員は皆、憮然としていた。(日本、日本って、ここは日本ではないのに……。私はこの会社に入ったのであって、日本人になったわけではない……)そう口にする社員もいた。
　理念の重要性はまったく伝わっていなかった。戦略や業績目標の話の後に、付け加え程度に話したからでもある。内容も、通訳を介したため細かいニュアンスが伝わらなかったこともあるが、田中が日本語で聞いていても、単なる精神論にしか聞こえなかった。その理念があることで、現地において1人ひとりの業務とどうつながるかが見えてこなかった。さらには、会社の理念の浸透というより、単に「日本人」の価値観や考え方の押しつけに聞こえていた。

読者の皆さんの企業の理念は、グローバルに浸透できているだろうか。浸透の仕方には十分な工夫が施されているだろうか。役員による訓話だけに頼ったり、それも、一方通行のコミュニケーションに終始したり、現地の事情を反映をせずに、「理念は全世界共通なのだから」と日本で行うのとまったく同じ説明をしたりしていないだろうか。さらには、会社の理念や価値観の浸透を図ろうとしているつもりが、「日本人」の価値観や考え方の押しつけにすり替わってしまってはいないだろうか。

第1章 グローバル組織開発とは

1・1 周回遅れの"人と組織"のグローバル化

　今日、業種や分野を問わず、多くの企業の経営方針にグローバルビジネスの強化が掲げられている。

　日本の主要企業を対象にした国際協力銀行の調査(「2015年度海外直接投資アンケート調査結果」2015年12月3日発表)によれば、すでに日本の大手メーカーの海外生産比率は実績見込みベースで36％となり、電機・電子産業(43％)、自動車産業(45％)など、業種によっては半分近くを占めるに至っている。

　海外売上比率に目を転じても39％という高い水準にある。これは10年前と比べて10ポイント近くも高い数字だ。日本の産業は、生産も市場もグローバルなしでは成り立たないという状況が見てとれる。

　もはや日本企業にとって、グローバル化は避けて通ることのできない重要課題であるのは明らかだ。この傾向が今後さらに強くなっていくことは、同アンケートの回答企業607社のうち、実に8割以上が引き続き海外事業を強

化・拡大する姿勢を打ち出していることからも確実だろう。製造業・非製造業にかかわらず、多くの日本企業がグローバル化こそ将来の成長の鍵と考えており、その重要性はいまさら言うまでもない。

しかし、それにしても、周知のように日本企業の海外進出はいまに始まったことではないはずなのに、いまになってこれほどまでに「グローバル化」の必要性が叫ばれる背景は何か。日本企業は何十年も前から製造業は工場を海外の至るところにつくってきたし、世界を相手に日本製品を売ってきた。金融機関もバブル期の1980年代には積極的に海外進出を果たし、不動産業に至っては海外の土地・建物を買い漁り、世界を震撼させた時代もあった。

にもかかわらず、現在、ことさらに日本企業のグローバル化が課題にされるのはなぜか。日本企業には、グローバル化の何の要素が欠けているというのか。

そもそも企業がグローバル化するとは、製造・販売・流通・開発・資本などさまざまな領域でのグローバル化を行っていくことだ。先に述べた通り、日本企業はモノづくりの強みをテコに、"製造"や"販売"をはじめとした機能のグローバル化をすでに成し遂げてきた。しかし、機能のグローバル化が進む一方で、十分に進まず、最後まで残ってしまっている領域があるのだ。

それが"人と組織"のグローバル化だ。

製造業を中心に、数十年も前からグローバル化を進めてきた日本企業であるが、そうした企業であっても、こと"人"と"組織"にかかわる領域についてはグローバル化を「置いてきぼり」にしてきたといっても過言ではない。そのつけが回り、現在、世界のグローバル企業と比較したとき、日本企業のこの領域、すなわち"人と組織"のグローバル化は圧倒的に遅れをとっていると言わざるを得ない。

今日、海外での売上や生産比率が3分の1を超えるようになったことも背景にあり、グローバル化は一部の人や一握りの部門の課題ではなく、全社的に取り組むべき課題となった。誰もがグローバル化に無関係でいられなくなったということだ。そのせいで、ここにきてどの企業でも一気に"人"と"組織"の問題が大きく露呈してきているように見える。"人と組織"は、どの企業ももはや避けて通るわけにはいかないグローバル化の最重要課題だ。

> ✓ **まとめ**
>
> 日本企業にとって「グローバル化」が急速に課題化しているのは、"人と組織"のグローバル化の遅れを起因とする問題が露呈し始めたためだ。日本企業にとってグローバル化の真の課題とは、"人と組織"のグローバル化だ。

1・2 "組織"のグローバル化の必要性の認識が薄い日本企業

　日本企業の多くは、"人"の問題、すなわち「グローバル人材の不足」がグローバル化のネックになっていると考えているようだ。すなわち"人"の問題には関心を向け、何とかしなければならないと思っている企業は多い。経済産業省が『通商白書2013』で発表した調査結果を見ても、たとえば「海外拠点の設置・運営にあたっての課題」として、「グローバル化を推進する国内人材の確保・育成」を挙げる企業が圧倒的に多い（図表1-1）。課題は他にも「製品・サービス」「情報」「資金」「仕組み」「理念・ビジョンの徹底」など多岐にわたっているが、数から見れば「人材の確保・育成」がいかに圧倒的な課題として意識されているかがわかる。

　我々のクライアントを見ても、人と組織のグローバル化のうち、まずは"人のグローバル化"、すなわちグローバル人材の育成、および外国人の採用には、すでに多くの企業が力を注ぎ始めている。「グローバル化の取り組みとは、グローバル人材不足の解消にほかならない」と考え、研修や採用活動に躍起になる企業が増えている。

　確かに人材のグローバル化は、日本企業の喫緊の課題だ。しかし、人のグローバル化に意識して取り組む一方で、"組織もグローバル化させる"という

図表1-1　日本企業の関心はグローバル人材不足への対応

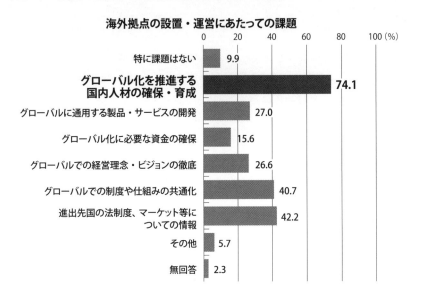

(注) 回答対象は、海外拠点を設置している企業、現在は設置していないがすでに計画中である（近々海外拠点を設置する）企業、および、海外進出のノウハウやリソースがないため海外展開の意思はあるが予定はない企業。
(出所) 経済産業省「グローバル人材育成に関するアンケート調査」(2010年3月)
　　　 アンケート回答企業：259社（上場企業201社、非上場企業58社）

視点を持った企業は実はそれほど多くない。

　グローバル人材の育成と同時に、単なる人材育成を超えた組織のグローバル化も同時に実現できなければ、せっかく育成したグローバル人材を活かすことはできない。それどころか、グローバル人材がグローバル化しきれない組織に愛想をつかして早々に出て行ってしまうということも起こりかねない。そもそも組織がグローバル化していなければ、真のグローバル人材も育たないはずだ。

　人と組織は、もちろん切っても切れない関係にある。真のグローバル人材を惹きつけ、真のグローバル人材を育成していくのは、グローバル化された組織という土壌があればこそできることだ。

　日本企業にとっては、真のグローバル化のために、人と組織、とりわけ「組織のグローバル化」を主要課題と認識すべき時代がやってきた。にもかか

わらず現状では、組織のグローバル化に取り組んでいる企業は稀だ。

> ✓ **まとめ**
> "人と組織"のグローバル化のうち、人のグローバル化、つまりグローバル人材育成には力を入れる企業は昨今増えた。しかし、組織のグローバル化はまだまだ手つかずの企業がほとんどだ。

1・3 組織のグローバル化の発展段階

　組織がグローバル化していく過程には発展段階がある。本節では、異文化経営の権威であるN.アドラー氏のモデルを借りて、組織のグローバル化の発展段階を考察してみよう。アドラー氏は、企業の国際化の段階を4つに分けている。

　①国内（での活動のみの）企業
　②国際企業
　③多国籍企業
　④グローバル企業

　最初の段階が「国内（での活動のみの）企業」である。販売も製造も、国内しか視野に入れていない。
　次の第2段階が、輸出や海外生産を行うようになった「国際企業」だ。この段階でも事業の中心は日本にあり、組織の要職は日本人が独占している。
　さらに国際化が進むと、海外拠点の現地化が進み、現地の組織運営や経営

は現地の社員に任されるようになる。この第3段階は「多国籍企業」と呼ばれる。この段階で初めて、「現地社員にもっと会社としての方向性や企業文化なるものを理解してもらおう」、あるいは「優秀な現地社員は要職に登用していこう」といった動きが高まる。

現在、日本企業のほとんどは、組織のグローバル化の発展が第2段階で止まっている。第3段階まで進んでいると自負する、あるいは周囲からそう見られている企業でも、第3段階の活動を効果的に行えず、実質的に第2段階止まりという日本企業を多く目にするというのが実感だ。

組織のグローバル化が第3段階まで進んでいるかどうかは、実際に組織で働いている現地の人たちが、自組織をどれだけ魅力的に感じているかで測ることができる。たとえばアジア各国での企業の人気ランキングを見ても、トップ100社に日本企業はわずか数社がランクインしているだけだ。これは、自身が働く場、活躍できる場としての魅力が薄いと映っているということだ。製品や商品はどんなに世界を席巻しているとしても、自身が属する組織として考えたときには、残念ながら日本企業はまだまだ世界の水準にはほど遠いと認識せざるを得ない。

一方、他国の企業では、第4段階にまで進んでいるところは少なくない。第4段階でようやく「グローバル企業」と呼ばれるようになり、"グローバル最適な"調達、開発、製造、販売活動が模索される。"グローバル最適"とは、最も安価なA国で必要な原材料を調達し、優秀でクリエイティブなエンジニアが多いB国で設計・開発した製品を、コスト的にも品質的にも最適な生産が可能なC国でつくり、D国の消費者の嗜好性に微調整して販売するといった施策をとるということだ。そこでは、"グローバル最適な"ビジネス活動が円滑に行われるように、組織の方も"グローバル最適"を追求するようになる。あらゆる機能で、国を越えてチームが形成され、国を越えて必要な活動が行われるようになるのだ。

多くの日本企業にとって、組織のグローバル化を第4段階まで進めることは、大いなるチャレンジだ。その難しさは、我々が耳にした、日本を代表するある企業のトップの次のような嘆きからも読み取れるだろう。

「我が社では、人や組織をなぜ"グローバル最適"にできないのか。製造や

販売や調達においては、"グローバル最適"にしてきただろう。世界で最も効率がよい場所に工場をつくってきたし、世界で最もコストと品質のバランスのよいところから部品も調達してきたはずだ。世界中から伸長する市場を探して積極的に進出し、販路も世界に拓いてきた。それなのに、こと人や組織となると、なぜ"グローバル最適"が実現できないのか。どうしてグローバル最適を目指そうという発想すら出てこないのか。人にしても、そのポジションに適した世界で最も優秀な人を、日本人かどうかにかかわらず採用・登用するという発想が必要ではないか。同時に、組織も、どこの国の人材であってもどこにいても、世界中の社員が魅力に感じ、世界中の優秀な社員を惹きつける組織運営が必要だ。単にこれまで日本で行ってきた組織運営をそのまま海外でも行うのでは、うまくいかないはずだ」

　また今日的な課題も露見してきた。伝統的に「企業の国際化は段階的に進展する」と論じられてきたが、昨今の状況はそうとばかりはいえなくなったのだ。例を挙げれば、インターネット販売を行う会社は、言葉の問題はあるにせよ、最初から海外の顧客に相対している。あるいは、まだ十分な国際化の経験を積んでいない事業会社において、グループ戦略の一環として海外のパートナーと組むという決定がいきなり下される場合もある。

　このように、現在のような情報化社会では、企業の国際化は段階的に進展するとは限らない。組織のグローバル化が一足飛びに進むこともある。楽天や、ユニクロを展開するファーストリテイリングのように、一気に第3段階や第4段階のグローバル化を実現しようとする日本企業も出てきた。

　グローバル化に出遅れたと考える企業は、これからの巻き返しに向けて、最初から第4段階の実現を目指すのも1つの手である。しかし、それならなおのこと、組織のグローバル化に目を向けなければならない。

> **✓ まとめ**
>
> 　企業のグローバル化の発展段階は、①国内（での活動のみの）企業、②国際企業、③多国籍企業、④グローバル企業の４つの段階に分けられる。④グローバル企業の段階に進むには、組織のグローバル化から目を背けられない。

1・4　組織の真のグローバル化に不可欠な「グローバル組織開発」

　"組織のグローバル化"とはいかなるものか？

　組織のグローバル化とは、企業の国際化の発展段階に合わせて、たとえば、第3段階で組織運営の現地化を進めることや、第4段階で組織のグローバル最適を追求することにほかならない。それは当然のことながら、単にグローバルな組織図をつくるとか、グローバルに制度整備をするとか、あるいは海外でのビジネス経験を豊富に有しているトップが組織を運営する、などということではない。必要なのは、「グローバル組織開発」の取り組みである。グローバル組織開発とは、つまり「グローバルなコンテクストで、健全かつ強固な組織づくりを行う」ということだ。

　我々ピープルフォーカス・コンサルティング（PFC）は、『組織開発ハンドブック』（東洋経済新報社、2005年）において、組織開発を「組織を健全かつ強固にすること」と定義した。健全な組織では、社員が活き活きと前向きな気持ちで仕事に取り組み、活発で率直な議論が職場のあちこちで繰り広げられ、階層や部署を超えて互いに支え合うことができる。それぞれの努力が噛み合い、相乗効果を生むことでさらに組織は強固になる。健全さは、組織の強固さを維持するために欠かせない要素である。

残念ながら、海外進出してから長い日本企業であっても、グローバルな環境では、健全さや強固さに欠ける組織の姿が浮かび上がってくる。それは我々がコンサルティングを行う日本企業の海外現地社員からよく聞かされる組織に対する不満の声を見ても明らかだろう。

「同じ肩書でも、日本社員と現地社員では扱いが違う」
「方向性や目標が明確に伝わってこない」
「本社から来る情報が曖昧でわかりづらい」
「どうしたら自身の貢献が認められるのか、聞いても教えてくれない」
「業績評価基準が不明確で、きちんとした評価もしてもらえない」
「駐在員が3、4年ごとにコロコロ代わり、本社の伝達係のような存在で、実際の現地ビジネスに貢献しているとはいい難い」
「本社から、英語力もマネジメント経験も浅い人材が現地マネジャーとして派遣されるとモチベーションが下がってしまう」

　日本企業に勤める外国人社員の多くは、フラストレーションを感じている。そのほとんどが、現状に対する認識やゴールに関する認識に差異があったり、本社と現地法人の間の情報が断絶されていたりといった、組織運営上生じるギャップが原因となっているようだ。
　こうした状況を打開するために、グローバル人材育成のみならず、「グローバル組織開発」の取り組みが必要だと私たちは考えている。
　組織開発された組織とは、「優れたリーダーシップにより統率され、効果的なチームワークにより支えられ、多様な（ダイバーシティ）メンバーが、価値観（バリューズ）を共有しながら一体となって、変革（チェンジ）を推進し、継続的に成功する組織」と私たちは定義している。
　そしてグローバル組織開発には、この定義から導かれる「5つの視点」が必要だと考えている。すなわち「チーム」「ダイバーシティ」「バリューズ」「チェンジ」「リーダーシップ」の5つである（図表1-2）。本書では、この5つの視点に分けて、順を追ってグローバル組織開発を論じていく。

図表1-2　グローバル組織開発に必要な5つの視点

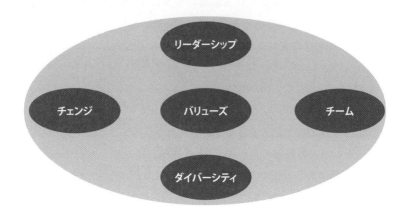

> ✓ **まとめ**
>
> 「健全かつ強固な組織づくり」をグローバルに行うことが、グローバル組織開発である。組織開発には、「チーム」「ダイバーシティ」「バリューズ」「チェンジ」「リーダーシップ」の5つの視点が不可欠なものとなる。

1・5　グローバル組織開発に立ちはだかる3つの複雑性

　組織開発、すなわち「健全で強固な組織づくり」は、そもそも国内組織でも十分にできていないという企業は少なくない。それができないままにグローバル化を進展させ、グローバルな組織をつくろうとすると、広がりも影響範囲も大きい分、その弊害は数倍にもなって跳ね返ってくる。

組織開発は、どこで行うかによって本質的にやり方や試みが異なるわけではないが、グローバルで効果的に組織開発を行うには、「コンテクスト（文脈・背景・状況）」の認識や理解、対応が鍵になる。
　ある大手英系企業の人事部長が、驚愕しつつ話したことがある。
　「有名日本企業の成功しているマネジャーをヘッドハントしたのだが、精神論ばかりで戦略は立てられないし、部下の指導もうまくない。いったい、どうしてあの日本企業は成功できているのか不思議だ」と。
　この話は、裏を返せば、日本人が活躍できるのは日本企業内という一定の組織のコンテクストがあってこそ、という事実を如実に物語っている。日本企業で働く多くの日本人にとって、グローバルな組織のコンテクストは自明のものではないのは当然だ。そうなると、そのコンテクストを意識し理解するための枠組みや整理が必要になってくる。
　組織がグローバルになると、コンテクストが複雑性を増すことは想像しやすいだろう。したがって、組織開発の取り組みも難しさを増す。
　国や地域が異なることそのものよりも、宗教や習慣といった"文化的要因（Cultural）"によって生じるコンテクストの違いが組織運営を難しくする。あるいは組織運営に不可欠なさまざまなルールや方法などの"制度的要因（Structural）"によるコンテクストの違いにも十分に配慮しなければ、国内では想像もしなかったことが重要課題となりうる。距離の離れた複数の拠点間のやり取りを困難にする"物理的要因（Physical）"もまた、工夫して克服できなければ組織運営上大きな壁として立ちはだかる（図表1-3）。
　国内での組織開発ではほとんど無視することができた、この文化的（Cultural）、制度的（Structural）、物理的（Physical）という3つの要因をもつ複雑性が、組織のグローバル化の行く手に横たわっているのだ。
　それらの複雑性を、私たちは本書で「CSPの複雑性」と呼ぶことにする。この「CSPの複雑性」こそがグローバルな組織運営の難しさを生じさせ、グローバルな組織開発の必要性を生む要因だと考えられるものだ。
　「CSPの複雑性」3層のそれぞれは、さしずめ以下のように定義される。

図表1-3　グローバル組織開発に立ちはだかる3つの複雑性

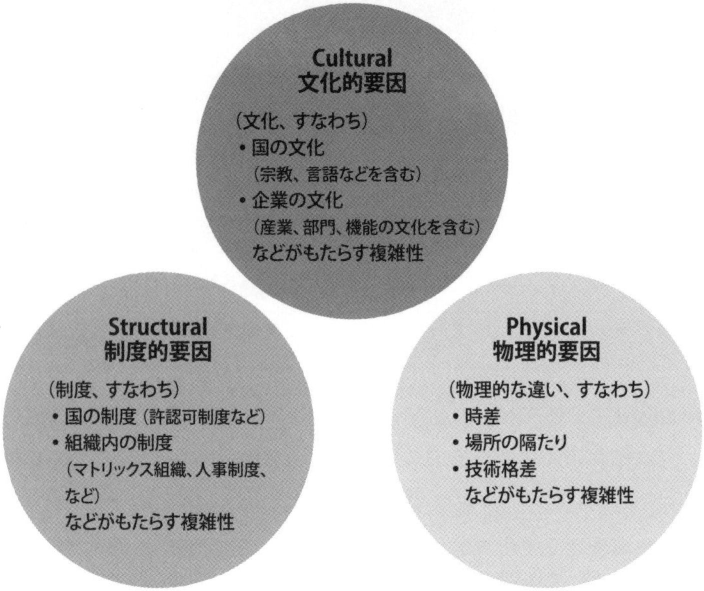

**Cultural
文化的要因**

（文化、すなわち）
- 国の文化
  （宗教、言語などを含む）
- 企業の文化
  （産業、部門、機能の文化を含む）
などがもたらす複雑性

**Structural
制度的要因**

（制度、すなわち）
- 国の制度（許認可制度など）
- 組織内の制度
  （マトリックス組織、人事制度、など）
などがもたらす複雑性

**Physical
物理的要因**

（物理的な違い、すなわち）
- 時差
- 場所の隔たり
- 技術格差
などがもたらす複雑性

Cultural：文化的要因による複雑性（以下、Cの複雑性）
Structural：制度的要因による複雑性（以下、Sの複雑性）
Physical：物理的要因による複雑性（以下、Pの複雑性）

複雑性を乗り越えるということは、グローバルに組織運営するには、まさに、「Global Penalty（グローバル化の代償）」ともいわれるコストを払わなくてはならないということだ。本書では、グローバルな組織運営を難しくする3つの層に、具体的にどのように対処していけばよいかを紐解いていくことを主題としたい。

> ✓ **まとめ**
> 組織開発をグローバルに行おうとすると、国内にはないコンテクストへの理解と対応が必要になる。そのコンテクストは文化的（C）、制度的（P）、物理的（S）の3つを要因とする複雑性をなしている。

1・6　CSPの複雑性がもたらす困難

　グローバル組織に属した経験のある読者であれば「日本人だけの日本国内の組織ならもっとうまくいくのに」と感じた方も少なくないだろう。実際、我々もクライアントの現場でその種の声をたくさん聞いてきた。
　なぜ、グローバル組織を機能させることは難しいのだろうか？
　グローバルな環境ではCSPの複雑性が、組織を機能不全に陥らせているのだ。それではCSPの複雑性によって、グローバル組織運営の難しさは具体的にどのように増すのだろうか。
　論を進める前に、グローバル組織運営におけるCSPの3つの複雑性に起因する問題について概観しておきたい。

❖ Cの複雑性
　文化が異なる人たちが組織内に混在することが、協働を難しくさせる。文化は無意識のうちに習慣化されているものだから、自覚のないことが多い。同じ組織で一緒に働いてみて初めて、文化や宗教から派生する生活習慣、あるいは考え方や物事の捉え方などの違いに気づくことが多い。そして、異文化の人はこちらが想像すらしないことを"当たり前"としているので、お互いに「それはおかしい」と不満を募らせることが多くなる。

❖ Sの複雑性

　組織の制度や構造が複雑になることや制度が異なることによっても、協働の難易度は増す。

　例えばグローバル組織では、組織をより効果的に機能させるためにマトリックスで管理する組織（「機能」と「地域や国」という2つの指示命令系統で管理される組織）にするケースが多い。しかし、「機能」と「地域や国」のそれぞれの上司が存在し、それぞれの指示命令系統が存在することにより、より複雑性が増し、組織づくりがさらに難しくなるケースを、我々は数多く見てきた。

　ある日本メーカーのマーケティング本部長は「各地域の担当を集めても、マーケティングのトップである自分より各国のトップの方に目が向いているので、チームビルディングが難しい」と語っていた。

　一方、興味深いのは、欧米企業ではその逆の話もときどき耳にすることだ。つまり、各国のトップの方が軽んじられるのだという。社員にとって各国のトップは点線のレポーティングラインで、機能ごとのリージョン（地域）、または本社の上司が実線のレポーティングラインになっているからだ。どちらにしても、制度の複雑性によって、グローバル組織運営の難しさがもたらされていることは間違いないようだ。

❖ Pの複雑性

　物理的な要因、すなわち、場所・時間・技術などが世界各地に分散することも協働を難しくする。

　グローバル組織ではメンバーの活動場所は1カ所ではないどころか、場合によっては数カ国に分かれてしまうこともある。この場合、時差もあるため、コミュニケーションをとることが一段と難しくなる。また単に時差という意味だけではなく、変革のペース、スキル習得や認識合わせに必要な時間、意思決定のスピードに対する各人の時間感覚（ここにはCの複雑性も絡む）なども異なる。さらには、活用できるテクノロジーやインフラが異なることによって、メンバーに相当なストレスや負担が生じることも少なくない。テレビ会議やウェブ会議での参加に疎外感を抱いたり、特に新興国で回線事情などに

より会議が途切れがちだったりと、なかなか円滑なチームワークが構築できないことに悩む人は多いだろう。

こうしてCSPの複雑性で考えてみると、たとえば「メンバー間のコミュニケーションがうまくいかない」という課題についても、より具体的な側面が見えてくるようにならないだろうか。生活習慣や価値観の違いがあるから、同じ会社であっても国によって組織の構造が異なっているから、あるいはバーチャルミーティングが夜遅くに行われるためにモチベーションが上がらないから……。あるいはこれらの要因がいくつか重なっている、といったように。

まさにこれらは、先述したようにグローバルに組織運営するには払うべき「グローバル化の代償」と言えるものだが、いずれにしても実像が見えてくれば、対策は立てやすくなる。こうした課題は、CSPで紐解くことによって解決の糸口を見出せるようになるのだ。

まとめ
グローバル組織運営を複雑にする3つの要因（CSP）を理解することで、問題を個別具体化していくことが可能になる。問題の本質に焦点を当てられれば、グローバル化に伴う代償は大きなものではなくなる。

1・7　グローバル組織開発を始めよう

このようにCSPの複雑性で紐解くと、グローバル組織運営の難しさの実態とともに、うまく機能させるための組織開発の道筋が見えてくるようになる。本書では次章以降、このCSPのそれぞれの複雑性からグローバル組織開発

を分析すると同時に、その課題克服に対する具体的な対処法を考察していく。その際、グローバル組織開発に欠かせない視点として提示した「チーム」「ダイバーシティ」「バリューズ」「チェンジ」「リーダーシップ」を、各章に分けて考察を進める。

　読者の皆さんがグローバル組織開発を進める際にも、5つの視点を縦糸とし、CSPの3つの複雑性を横糸として、自組織を分析したり留意点を確認したりすることが有効になってくるはずである。

　第2章では本章でも触れた「チーム」について、より詳細に考察を行う。グローバルチームは、日本的ともいうべき均質性の高いチームではなく、多様性を活かしたチームだ。CSPに留意してチームづくりを行っていくことで、グローバル・ハイパフォーマンスチームにしていくことが可能となる。

　第3章では、多様な人材を組織に取り込む「ダイバーシティ」について言及する。グローバル組織運営においては、国籍、年齢、性別にかかわらず、誰に対しても公平な人事制度の整備と運用が鍵となる。真のダイバーシティを実現するためのタレントマネジメント制度についても理解を深めていく。

　第4章では、多様な人材が活躍するグローバル組織において、組織の求心力を決定づける「バリューズ（組織の価値観）」について言及する。CSPの複雑性を乗り越えるために、組織に属する皆が価値観を共有することが、強固なグローバル組織づくりには欠かせない。

　そして第5章では、グローバル組織に変容していくための「チェンジ」について述べる。どのような変革も簡単ではない。この章ではグローバル組織へ移行するための変革の手順をCSPの観点による分析を含めながら考察していく。

　最後の第6章では「リーダーシップ」について考察する。人と組織は切っても切れない関係にある。組織開発を扱う本書でも、人に関して触れないわけにはいかない。グローバル組織の運営のためにグローバルリーダーは欠かせない存在だ。この章ではそこで求められる能力を紐解きながら、グローバル組織のなかでどのようにグローバルリーダーを育成していくべきかを考えていく。

　ここまで、日本企業の組織のグローバル化に関する危機感を共有してきた。我々は、多くの日本企業にとって、グローバルに健全かつ強固な組織づくりが

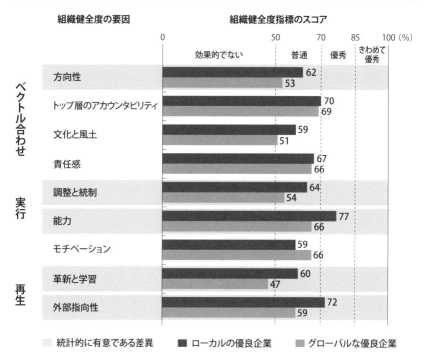

図表1-4 グローバルペナルティ（グローバル化による代償）

(出所) Martin Dewhurst, Jonathan Harris, & Suzanne Heywood, Understanding your 'globalization penalty', *McKinsey Quarterly* (July 2011)

できるかどうかは喫緊の課題でもあり、将来の浮沈も左右すると考えている。

　しかし、現状はうまくできていなくても、決して悲観する必要はない。そもそもグローバルな組織では、世界のリーディング企業でさえ、組織の健全性を保つことは国内組織に比して難しい、という調査結果もある。日本企業のみならず、どの国の企業も同じように苦労しているということだ（図表1-4）。

　しかし、どこも苦労しているからこそ、グローバル組織開発の要諦を知り少しでもうまく行えるようになれば、企業の競争力向上に大いに貢献するはずだ。

✓ まとめ

グローバル組織開発に取り組めていない、順調に進んでいないという企業のために、本書では、チーム、ダイバーシティ、バリューズ、チェンジ、リーダーシップの5つの視点と、CSPの3つの観点から考える。

第2章 グローバル「チーム」をつくり運営する

2・1 チームづくりはグローバル化の重要課題

　第1章では、真のグローバル化のためには、人と組織のグローバル化、とりわけ「グローバル組織開発」が肝要であると論じた。さらに日本企業においてはCSPの複雑性（図表1-3）を起因とする国内にはないコンテクストへの無理解と未対応が、グローバル組織開発を行っていく上での障壁となっていることを概観した。

　本章では、組織開発の5つの視点の先陣を切って、「チーム」についての考察を深めていきたい。

　組織がグローバル化すると、チーム運営にこれまでにない変化が現れる。

　国籍が異なった人たちで構成されるプロジェクトチームができ、ワーキングチームも国をまたがって運営されることも普通になる。もちろん、本社と現地組織も1つのグローバルチームとして機能することが求められる。海外赴任を命ぜられ、いきなり唯一の外国人である自分が海外でのチーム運営をリーダーとして行うことを任されることもあるし、日本にいても、ある日突然

図表2-1 グローバルチームが抱える課題

	重要性	難しさ
チームメンバー間での信頼の醸成	6.52	6.06
コミュニケーションの障壁の克服	6.35	5.56
チームの目的の明確性の維持	6.05	4.61
チームメンバー各人の目標の整合	6.04	5.44
チームに必要な知識やスキルを持つメンバーの確保	5.62	4.66

1－7段階（1＝まったく重要ではない、7＝とても重要だ）
1－7段階（1＝まったく難しくない、7＝とても難しい）
（出所）Vijay Govindarajan and Anil K. Gupta, Building an Effective Grobal Business Team, *MIT Sloan Management Review*（Summer 2001）

上司が外国人になったり、グローバルチームの一員として働くことになったりといったことも珍しい話ではない。

この本を手に取った読者のなかにも、すでにこうしたグローバル"チーム"で仕事をしている人も少なくないだろう。

もちろん、グローバルチームはそう簡単に機能するものではない。

我々のもとにも、グローバルチームがなかなか機能しないという相談が日々寄せられる。クライアント企業の中のグローバルチームを観察しても、うまく機能しているチームと出くわすことは稀で、2割にも満たないのではないかと思う。グローバルチームがどの程度機能しているかを定量的に把握した調査は極端に少なく、少し古いデータにはなるが、マサチューセッツ工科大学（MIT）がグローバルチームへ行ったヒアリングでは、調査対象となったチームのうち、「大変うまくいっている」と答えたのはわずか18％だけだった。それどころか、3分の1ものチームが「まったくうまくいっていない」と答えたという調査結果が出ている。

グローバルチームが抱える課題としては、メンバー間での信頼の醸成、コミュニケーションの障害の克服、チームの目的の明確性の維持などが上位に挙がっていた（図表2-1）。グローバルチームが抱える課題は、まさに、組織開発の課題そのものといえそうだ。

もちろん、こうした課題は、必ずしもグローバルチームに限ったものではなく、日本国内の日本人だけのチームワーキングでも同じだという指摘を受けるかもしれない。ただ、グローバルチームでは、その難しさが格段に増すのだ。

> ✓ **まとめ**
> 　組織のグローバル化に伴いグローバルチームの運営が求められるようになる。グローバルチームを機能させることに苦労している組織は多い。グローバルチームの課題とは、「信頼の醸成」「コミュニケーションの障害の克服」など、組織開発課題そのものだ。

2・2　国際提携は現場のチーム運営で破綻する

　グローバルチームがつくられても、途中で機能しなくなる典型的な事例を具体的に見ておこう。
　ある日本企業、A社が国際提携をした例を考えてみる。
　総合電機メーカーのA社は、ヨーロッパの老舗メーカーB社と、消費者向けエレクトロニクスの1分野において合弁会社を設立することにした。B社には歴史があり、ヨーロッパ市場では確固としたブランドと地位を築いている。パテント（特許取得）数も多く、ヨーロッパの技術者にとってあこがれの会社でもあった。
　A社にとっては、これが初めての国際提携である。これまで単独で欧州市場を攻略してきたが、いまひとつ成果が上がらなかった。B社とパートナーシップを組むことで、一気にヨーロッパ市場、そしてグローバル市場での存在感を高めようという戦略だ。商品開発においても、双方の技術力を結集すれば、さらに魅力的な商品開発が可能なはずである。日本市場でしのぎを

削ってきたA社は、消費者にアピールする商品づくりには自信があった。

双方の期待は高く、メンバーの士気が高まるなかで合弁会社は立ち上がった。各領域において、いかにスムーズにオペレーションを立ち上げるか、まずはマネジメント層の間で活発な議論が繰り広げられた。

「品質に対する強いこだわりは共通だ」、「日本とアメリカほどの気質的な違いはない。むしろ国民性は似ている」、「双方の強みを活かすシナジーも、双方の弱みを補える補完関係も期待できる」

そして、経営陣からは高い目標が示され、新会社は一丸となって、希望にあふれたスタートを切った。しかし数カ月後、状況は一変することになる。

新会社が発足して間もなく、職場のなかにはチームが数多くできた。まずは、プロジェクトごとに結成される特設のチーム（＝プロジェクトチーム）。合弁会社をスムーズに軌道に乗せるために、多くのメンバーが何らかのプロジェクトに属した。「業務統合プロジェクト（PJ）チーム」「文化一体化PJチーム」「組織連携PJチーム」などだ。

それから、日常業務そのものもチーム（＝常設チーム）で運営された。つまり、自分が従来から所属している部や課でもチームリーダー（部長や課長）がいて、定例のチームミーティングを実施し、チームメンバーは他のチームメンバーとともにそれぞれの業務遂行に勤しんだ。

しかし、そのうち聞かれ始めたのは、チーム運営がうまくいかないという不満の声だった。

最初に、プロジェクトチームに参加したA社側の社員に聞いてみると、B社側の社員に対して、「個人プレーが多くて、チームでの作業が進めにくい」「夕方5時には帰ってしまうのでは、そもそもミーティングも設定できない」といった不満があがった。

一方の常設チームにおいても、仕事をともにするなかで、「工期が遅れてばかりでは困る」「エンジニアは技術ばかりを重視して、消費者の姿を捉えていないのではないか」といった、B社側の社員ならびに仕事の進め方に対してA社側の社員から苦情の声が上がるようになった。

苛立ちが募る現場では、ついにはA社側からは「これだから外国人は信頼できない」「外国の会社との合弁自体が無理だったのではないか」と言い出

マネジャーすら出始める始末だった。

　また、B社側の社員たちもまったく同じようにフラストレーションを感じていたことはいうまでもない。

　よく見聞きすることをもとにして創作したケースではあるが、実際、海外パートナーとチームを組んで協働を始めたはよいが、このようなことが起きる事例は枚挙に暇がない。新しいチームがスタートしたときには、お互いの"共通点"に目が向いて、明るい将来像を描くのだが、共同作業が進むにつれて"相違点"がぶつかり合うようになり、これを克服する難しさを実感する。早くプロジェクトや業務を軌道に乗せなければ、と思えば思うほど、お互いに外国人である相手が理解不可能に見えてくる。希望から一転して失望や停滞のムードと化してしまうのである。

　国際提携の成否は、まさにこうした葛藤の時期をいかに乗り切り、チームづくりができるかにかかっているといっても過言ではない。

> ✓ **まとめ**
> 　グローバルチームは往々にして期待に満ちあふれたスタートを切る。しかし、実際のチーム運営を進めていくうちにつまづくパターンがあまりにも多い。真のチームづくりの課題は、チームが立ち上がってからの日々の業務や日常の人間関係などに"互いの相違点"として表れる。

2・3　日本企業が得意だったはずのチームワーク

「チームワークは日本企業が得意とするところではなかったか？」と考える人も多いかもしれない。

確かに「日本人のチームワークの良さ」は、これまでさまざまな面で取り上げられてきたが、しかし、その前提はあくまでも均質性の高いチームでのチームワークだ。グローバルチームに求められるのは、多様性の高い組織でのチームワークであり、まったく別物と捉えなければならない。

一言でいえば、「和」を以って尊しとなすのではなく、むしろ「異」を以って尊しとなす、というような、これまでとは真逆の視点や姿勢が必要なのだ。日本企業の「チームワーク」力は海外企業のチームと比較して、必ずしも高いわけではないと認識し直すべきかもしれない。

世界経済フォーラムのボードメンバーである齋藤ウィリアム浩幸氏も著書のなかで、「チームとはメンバーの多様性が極めて高い集団を指すのであり、真のチームがないから日本は世界で勝てない」と指摘している(『ザ・チーム―日本の一番大きな問題を解く』日経BP社、2012年))。

我々が多くの企業で組織開発のコンサルティングを行うなかでも、日本企業の日本人だけのチームであっても、チームとして十分に機能していないと感じる場面が最近増えている。これは実際にデータにも表れている。

我々は、企業内のさまざまなチームがチームワークを十分に発揮できているかについて調査する「チーム効果性調査」を開発し、多くの企業で実際に調査を行ってきた。調査を実施したチームは、2016年7月現在で1500を超える。ここで調査結果の一部を紹介すると、主たるものは次のようなものだ。

■すべての調査項目のうち、チーム成果を測る項目である「成果感(チームは十分な成果を上げている)」や「貢献感(このチームにいると自分が思っていた以上の力を発揮できる)」が最もスコアが低く、チームに対する効力感を実感できていない人は多い。
■自チームの運営に課題を認識している人は非常に多く、業界を問わず、チーム運営に関して、リーダー、メンバーともに評価が低いのは次のような項目である。
　・チームのビジョンの共有
　・チーム内の役割分担の量と質
　・チーム内のPDCA

この調査は、必ずしもグローバルチームだけが対象ではなく、ほとんどのサンプルが国内で活動しているチームであるため、ここでの紹介はこの程度にとどめるが、調査結果から、日本企業のチーム力の開発余地が大きいことを断言でき、大いに危惧している。

　「日本企業はチーム力が高い」という前提が崩れた現在、謙虚にチームづくりをゼロから学ぶ自覚を持って、グローバル人材育成に取り組むのと同等のエネルギーをかけて、グローバルチームづくりに取り組まなければならない。

　日本企業のチーム力は高いという誤った前提に立ったままだと、グローバル化を推進する多くの日本企業が、組織のグローバル化ではなく、グローバル人材育成のみに関心を大きく割くことになるという弊害も出てくる。つまり、チームづくりのノウハウはこれまでの経験から十分な蓄積があるのだから、あとはグローバルに対応できる人材を育成しさえすれば、グローバルチームもうまく機能させ得るという考え方をとってしまうのだ。

　グローバルでのチームづくりの難しさが増す最大の理由は、多様性にある（多様性＝ダイバーシティはグローバル組織開発のキーワードの1つなので、第3章で詳細に取り上げる）。

　多様性が増すことによって、日本人のみの国内でのチームの運営に比して、グローバルチームワーキングは3層の複雑性を持つことになる。すなわちCSPの複雑性だ。グローバルチームに携わって仕事をする際、CSPがもたらすチームワーキングの難しさに直面し、苦労した経験のある人は少なくないはずだ。CSPによるチーム運営の難しさと、それを乗り越えるための方策について、詳しくは2・7で述べる。

> ✓ **まとめ**
> 「チームワークは日本企業の得意とするところ」というのは、もはや誤解である。グローバル化を前提にチームづくりを見直さなければならない。均質ではなく多様性の高いチームをいかに運営するかが問われる。

2・4 そもそもチームとは何か

　チームビルディングと称して職場のチームの一体感を高める活動を取り入れる企業が目に見えて増えた。チームとして機能していないことに問題意識を抱く人が増えたということでもあろう。

　あなたの属する「チーム」は期待する成果を生んでいるだろうか。もしそうでない場合には、目の前に横たわる具体的な問題や解決策の検討からいったん離れて、自分と協働する人たちの集合体であるチームそのものの状態にも目を向けてみてほしい。図表2-2にリストアップした「チームの機能不全チェック」の項目に、当てはまる状態はないだろうか。2、3個でも当てはまるものがあるようだと、あなたのチームは、チームとしての力を十分に出し切れていないはずだ。つまり、「機能不全」に陥っている状況だ。

　ここで、そもそもチームとは何かを確認しておきたい。

　我々は、チームという言葉とグループという言葉は区別して使うことを意識すべきだと考えている（図表2-3）。グループとは人が単に集まった状態を指し、その成果は1人ひとりの貢献を足し上げたもの。それ以上でも以下でもない。いわば、足し算だ。

　これに対し、メンバーの相乗効果で付加的な成果を生み出している状態がチームだ。『「高業績チーム」の知恵──企業を革新する自己実現型組織』（ダイヤモンド社、1994年）などの著書があるジョン・カッツェンバック氏の定義によれば、チームとは「ある特定の目的のために多様な人材が集まり、協働を通じて、相乗効果を生み出す少人数の集合体」というものだ。集まった人たちが相乗効果をもたらせば、チームの成果はメンバー1人ひとりの貢献を足したものより、通常は大きくなるはずだ。しかし、掛け算だから、逆に相乗効果が発揮できなかった場合には、チームとしての成果が各人の貢献の総和よりも小さくなることもあり得る。

　たとえば野球のチームを見ても、四番打者クラスの選手が集まったチーム

図表2-2　チームの機能不全チェック

		項目
チームとしての機能	方向性	チームの目標（何をいつまでに達成するか）が明確でない チームの目標が会社目標や会社の方向性と合致していない チーム目標実現のための取り組むべき課題が明確でない チームのビジョン（チームの将来像）が共有されていない チームのビジョン（チームの将来像）をメンバーが自分の意義に感じられていない チームでは、メンバー各自の信念や価値観を犠牲にせざるを得ないことがある
	仕事の進め方	チームでは、各メンバーの役割分担が明確でない チームでは、業務を遂行するのに必要な情報が共有されていない チームでは、PDCA（Plan-Do-Check-Action）が適切に機能していない チームでの会議や打ち合わせは、効率的で有意義なものになっていない チームでの意思決定プロセスには納得感がない チームは、チーム外の人や知恵も積極的に活用していない
	人間関係	リーダーは、メンバーの成長を促進することに時間と労力を割いていない チームメンバーは、チームの業務に対してやる気と熱意を持っていない チームでは、良い仕事に対してお互いを称え合うようなことがない チーム内では、互いの多様な見識やスキル等を活かしていない チーム内では、皆が対立を恐れず、厳しい意見も率直に述べていない チーム内では、他のメンバーから刺激を受けることが少ない

図表2-3　チームとグループの違い

グループ（集団）とは
- 特定の目的を達成するために集まった複数の人々
- その業績は個々のメンバーの貢献の総和

チームとは
- グループ（集団）の中でも、協調を通じてプラスの相乗効果（シナジー効果）を生んでいる状態
- チームの努力は、個々の投入量の総和よりも高い業績水準をもたらす

が常勝するとは限らない。それぞれの選手の打率は高いのに、打線のつながりが悪く得点につながらないことがある。一方で長打力のある選手は少なくても、ここぞというところで得点できるチームもある。打撃力のある選手、足が速い選手、犠打が得意な選手などがうまく連携できるチームは相乗効果が発揮できているわけだ。

チームは最初から存在するわけではない。個人の集合体であるグループから、相乗効果を生み出すチームという状態になるのだ。

> **✓ まとめ**
>
> グローバルチームについて考える前に、そもそもチームとは何かを明確に理解しておかねばならない。単に人が集まっただけではチームとは呼べない。プラスの相乗効果が生まれている状態をチームと呼ぶ。

2.5 チームを機能させる「ベクトル」「プロセス」「ヒューマン」

人の集合体を、単なる"足し算"である「グループ」ではなく、相乗効果が生まれた状態の"掛け算"となる「チーム」として機能させるためには何が必要なのか。

我々はチームがチームたり得るために、「ベクトル」「プロセス」「ヒューマン」という3つの要素が欠かせないと考えている。

❖ ベクトル

よく、チームのベクトルを合わせるという表現を用いる。チームの「ベク

トル」を合わせるというのは、①目標や方針を明確に定めること、②それをメンバー間で共有することだ。

一方、次のような状態がチームの「ベクトル」が合っていない状態であり、特に日本企業がグローバルでチーム運営する上で、課題となることが多いパターンを挙げる。

- 目標が曖昧：たとえば「グローバル成長！」というスローガンがあっても、具体的にいつまでにどの領域・分野でどのくらいの成長を目指すのかが明示されておらず、指針になっていない。
- 目標があっても戦略を実現させる方針がない：「3年間でグローバルでの売上倍増！」という目標を掲げただけで、何をテコにどうやって倍増するのか、方針が不明確。戦略方針は、「○○地域を●●をすることで攻略する」「●●技術力を○○によって強化する」といった表現で表せる。
- 目標や方針の伝達が不十分：年度の始まりに一度言ったきりだったり、あるいは、単に一方通行の伝達にとどまったりで、メンバーに浸透していない。メンバーが、チームの目標や方針をどれほど納得しているのかわからないままだったり、あるいはメンバーそれぞれが内心では「その目標を達成する意味は何か」とか「目標に到達できるとはとても思えない」といった思いを抱えたままになっている。

チームをうまく機能させていくためには、チームとして何を目指すのか（目標）、何に重きを置くのか（方針）を明らかにし、そして目標や方針の意義を十分に皆が理解しなければならない。

❖ **プロセス**

続いて、チームのプロセスを整えることが必要だ。すなわち、チームとしての仕事の進め方、すなわち業務の手順や役割分担、あるいはルールや約束事を明確にし共有することだ。

チーム内にきちんとしたプロセスが存在しないか、あるいはきちんと共有されていないと、重複や漏れが発生してチーム活動は非効率を生んでしまう。これではチームとは呼べず、単なるグループでしかない。

日本で日本人だけのチームならば、プロセスを目に見える形で明確に表現しなくとも、肝となる点や進め方の特徴を互いにわかり合えていたり、阿吽の呼吸で役割を補いあったりということが期待できるかもしれない。しかし、とりわけグローバルチームでは、こうしたことが期待できないという前提に立つべきだ。認識のミスが起きないようにプロセスを明確にし、しっかり共有しておくことが肝要だ。各メンバーの役割を明確にし、チームとしての基本的なPDCAサイクルをきちんと決めるのみならず、さらには問題が生じた場合に活用すべき課題解決の手法なども明確にしておく必要があるだろう。

❖ ヒューマン
　ヒューマンは、そのチームの目的を果たすために、必要なスキルや能力を持つメンバーでチームを構成するということだ。
　日本で日本人だけのチーム運営では、メンバーを集めてから、その人のスキルや能力を見極め、割り振る業務の内容や量を調整していくといったやり方をとることも少なくない。これは、業務遂行においてどんな能力やスキルが期待できるのかが未知数の新卒を、日本企業では大量に採用する背景にある考え方と無関係ではないだろう。どのような人をチームに入れても、スキルや能力のばらつきが、ある程度予想がつく範囲に収まっているという前提があるのかもしれない。
　しかし、グローバルチーム運営においては、あらかじめ、このチームの目的を果たすためには、どのようなスキルや能力を持った人が必要なのかを明確にしておくことが不可欠だ。そして、そのような人材でチームを構成することに加え、足りないスキルや能力の部分はどのようにして補っていくのか、あるいは各人の成長をどのようにして図るのかについても、事前に考えておくことが重要になる。

　グローバルチームには、より多様なバックグラウンドを持つメンバーが集まる。多様性が増したチームを効果的に運営していくために、ベクトルとプロセスとヒューマンは欠かせないものである。

> **✓ まとめ**
>
> 相乗効果が生まれるチームに必要な要素は3つある。明確に方向性を定めるベクトル、運営のための役割や手順を共有するプロセス、必要なスキルを持つ人材によって構成するヒューマン。

2・6 チームをハイパフォーマンス・チームに進化させる

ただし、それぞれの要素を、さらに質的に上の次元に発展させる必要がある。グローバルチームを機能させることは、一言で言えばハイパフォーマンス・チームをつくることにほかならないので、ここで詳細に述べる。

単なるグループではなく、チームが形成できるようになると、次は、「ハイパフォーマンス・チーム」（HPT＝高業績チーム）づくりを目指したい。皆さんは、単なるチームではなく、「ハイパフォーマンス・チーム」と呼ぶにふさわしいチームに接したことがあるだろうか。

チームメンバーは、チームが向かおうとしている方向性や価値観に心からコミットしていて、チーム内で明確に決まっている仕事の手順や役割分担に沿いながらも柔軟に運用し、また創造的にチーム外と交わりを持ち、必要なスキルを持った人がそれぞれの能力を発揮するのみならず、互いにサポートし切磋琢磨や刺激を与え合う関係を通じて、自分の個人的な成長とともにチームとしての相乗効果を生み続けていくようなチームだ。

ハイパフォーマンス・チームは、スポーツのチームなどに当てはめるとわかりやすいのではないだろうか。たとえばサッカーのワールドカップで優勝するチームなどは、優勝するという明確な目標とそのために必要な勝者のメンタリティをメンバー全員が共有していて、各人が自分の役割に固執するの

ではなく、むしろ役割を離れた柔軟で創造的な動きがチームに効果をもたらし、また勝ち上がっていくうちに自信とさらなるモチベーションが1人ひとりに芽生え、互いに遠慮なく要求し合いながらも協力関係も強固になっていくのが傍目からもわかるケースが多々ある。ギリギリでの頑張りや超ファインプレーなどの超越したプレーが生み出されるのは、個人の技量もさることながら、こうしたハイパフォーマンス・チームが生み出す相乗効果も大きく影響しているはずだ。

　ハイパフォーマンス・チームをつくる上でも、やはり、ベクトル・プロセス・ヒューマンの三要素が重要であることは変わらない。ただし、それぞれの要素を、さらに質的に異なる次元に発展させる必要がある。グローバルチームを機能させるためには、ハイパフォーマンス・チームをつくることを意識すると効果的だ。ハイパフォーマンス・チームでは、ベクトル・プロセス・ヒューマンの要素がチームとはどのように質的に異なるのか、詳細に確認しておこう。

❖ハイパフォーマンス・チームのベクトル

　ハイパフォーマンス・チームのベクトル合わせは、単に業績目標や業務上の方針の共有によってチームの方向性を1つにするのではなく、チームの「ビジョン（将来像）やバリューズ（価値観）」を共有することで、チームに一体感をもたらすのだ。

　たとえば、あなたがサッカー選手でW杯優勝というチーム目標を掲げていたとして、スタジアムの大歓声のなかで万歳をしながらチームメンバー全員でW杯のトロフィーを掲げている自分たちの姿をイメージしてみると、単に優勝という目標を掲げていただけの場合よりも、力が湧いてこないだろうか？チームのビジョン（将来像）が共有されると、将来のチームの姿が具体的に各人の目に浮かぶようになり、メンバーがみずから積極的な行動を求めるようになり、ビジョンに向かうエネルギーがチームの中に自然に醸成されていく。

　また、バリューズ（価値観）の共有もハイパフォーマンス・チームに欠かせない。メンバーそれぞれの自身の価値観と結びついたチームの規範が浸透していると効果的だ。メンバーがそれぞれ大事にしている価値観を互いに共

図表2-4 チームをハイパフォーマンス・チームに進化させる

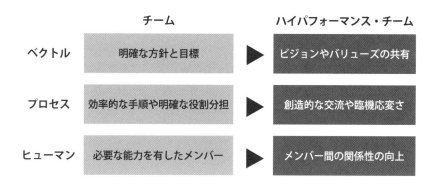

有し尊重し合いながら、チームとしてのどのような規範を大切にすべきかを定めるのだ。たとえば、「助け合いの精神」とか「顧客目線で考える」とか「本質の追求」などといったものだ。こうした規範は全員の共通の価値観となり、各人の行動や思考、判断の際の基準となり、チームの力を高めるのだ（詳しくは第4章を参照）。

❖ハイパフォーマンス・チームのプロセス

　プロセスにおいては、チームをつくるには、業務の進め方や役割分担を明確にすることが求められた。しかし、ハイパフォーマンス・チームになるには、明確にしたプロセスを皆がひたすら遵守することにとどまらず、チーム内で「柔軟に対応するプロセス」や、チーム外との交流をあえて行うといったような「創造的なプロセス」を運用できる力が求められる。必要に応じて、決められた役割を超えてメンバーが動いているか、必要に応じていつもとは違う進め方が取り入れられているか、などが見るべきポイントだ。

　このような柔軟で創造的なプロセスを有しているチームでは、役割分担を超えて、メンバーが互いの領域に良い意味で口を出したり、首を突っ込んだりしている。結果として、互いの補完が進んだり、革新的アイデアの創出が促進されたりしている。

❖ ハイパフォーマンス・チームのヒューマン

　個々の能力やスキルだけに目を向けるのではなく、「メンバー間の関係性」の向上を図っていくのが、ハイパフォーマンス・チームのヒューマンの要件である。メンバー同士が互いを知り合い、密接にかかわることの意義を理解し合うことで、メンバーの個性や考え方の違いを力に変える関係性を構築するのだ。そして助け合い、フィードバックなどを通じて切磋琢磨しながら、常に相乗効果を出せるようにするために働きかけていくのだ。

　日本では、チームとハイパフォーマンス・チームとを明確に区別していない企業が多い。
　我々のクライアントからも、「ベクトルもプロセスもヒューマンもきちんと意識してチーム運営をしている。しかし、チームとして機能している感が足りない。我がチームには何が欠けているのだろうか」といった声をよく聞く。
　そうしたチームのリーダーに話を聞いてみると、「明確な数値目標と業務方針を掲げ（ベクトル）、明確に役割分担をして仕事の進め方をマニュアル化し（プロセス）、大変優秀な人材を雇用して、必要なスキル教育などもしっかりやって育てている（ヒューマン）」と声を揃える。しかし、チームを「ハイパフォーマンス・チーム」に進化させるには、ベクトル・プロセス・ヒューマンの3つの要素を、チームに求められた内容ではなく、異なる次元に誘わなければならない。
　こうしてみると、ハイパフォーマンス・チームづくりをすることは、厳しいグローバル競争を乗り越える競争力を企業にもたらすためのチームづくりと同値だ。日本企業は、チームづくりで止まっていてはならない（図表2-4）。

> ✓ **まとめ**
> 　日本企業がグローバルチームづくりでうまくいっていない場合、単にチームでとどまり、ハイパフォーマンス・チームをつくるという意識に乏しい場合が多い。ベクトル・プロセス・ヒューマンのそれぞれの要素を次元の異なる状態に成長させることで、ハイパフォーマンス・チームにすべきだ。

2.7 グローバルなチームづくりに立ちはだかるCSPの壁

　ハイパフォーマンスを発揮するチームの要件を理解したところで、いよいよグローバルチームをつくるための具体的なアプローチについて考察していくことにする。具体的には、バックグランドの異なるさまざまなメンバーで構成されたグローバルなチームをハイパフォーマンス・チーム、いわば「グローバル・ハイパフォーマンスチーム」にまで進化させるには、どうすればよいのかを考える。

　グローバルに通用するハイパフォーマンス・チームは、ベクトル・プロセス・ヒューマンのそれぞれの視点から以下のように説明できる。

・ベクトル：グローバルに通用する「ビジョンやバリューズを共有」している。
・プロセス：グローバルに効果的な仕事が進められるよう「創造的な交流や臨機応変さ」を生むような工夫をしている。
・ヒューマン：グローバルな「メンバー間の関係性の向上」を図っている。

　しかし、多様なバックグラウンドを持つメンバーが集まったグローバルチームでは、それらが容易でないことはわかるだろう。

　ベクトルの面でいえば、文化的な背景が違えば、意義を感じるポイントも異なり、コミットメントも得にくくなる。メンバーは貢献度を高めるためにプロセスを無視して個人の役割を超えた行動に向かったり、敵対的（に見える）行動をとってしまったりする場合もある。このようなことを避けるためには、メンバー間のより建設的な議論が不可欠だが、多様なメンバーによる議論では、意見の相違も増え、メンバー間に新たな亀裂も生みかねない。こうなると、ヒューマンの観点から、メンバーが互いの意見を尊重し、ともに成長していけるような支援を行う状態にはほど遠くなってしまう。

　そうならないためには、CSPの複雑性に目を向けることが有効だ（図表2-5）。

図表2-5 グローバル・ハイパフォーマンス・チームへの要件

- 基本的なハイパフォーマンス・チームに必要な要素に加え、グローバル・ハイパフォーマンス・チームに存在する、CSPの3つの複雑性（文化的・制度的・物理的）の山を乗り越える

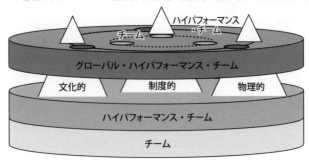

次項以降、まずCSPの複雑性がグローバルにおけるハイパフォーマンス・チームづくりをどのように難しくしているのか、1つずつ考察し、それぞれを乗り越えていくためのヒントを探っていきたいと思う。

> ✓ **まとめ**
>
> グローバルなハイパフォーマンス・チームづくりもベクトル・プロセス・ヒューマンの3要素の充実から進める。しかし、グローバルなチームづくりの上では、CSPの複雑性によって難しさが増すことを理解しなければならない。

2・8　グローバルチームにおけるCの複雑性

グローバルチームづくりにおけるC（文化的要因）の複雑性について考え

てみよう。

「日本人だけのチームと比較して、グローバル化したチーム（グローバルチーム）は、文化が異なる人々がチーム内に混在しているから運営が難しい」というのは肌感覚で理解できるはずだ。メッセージひとつとっても、日本人だけのチームであれば「トップダウンで指示を出せば、メンバーは納得してくれるもの」という前提で伝達・共有できることも少なくないが、文化が異なる人々が集まったグローバルチームではそうはいかない。

Cの複雑性がやっかいなのは、事前には互いに自覚することが難しいという点だ。文化とは、各人がその生活環境において無意識に習慣化されているものだ。したがって、異なる文化を持つメンバーと一緒に働いてみて初めて、生活習慣、考え方や物事の捉え方の違いに気づくことも多い。

文化は氷山のようなものだとイメージするとよいだろう。通常は海面に現れた部分しか見えない。しかし、その目に見えない部分は、幅も深さも見える部分とは比較できないほど実は大きく、相互理解のためには氷山の水面下にあるものも含めて理解することが重要だ。

たとえば、南米のある国に赴任した日本人が最も困ったこととして語っていたのは、仕事が終わっていないのに従業員が帰ってしまうということだった。

「今日できることは今日のうちに」で育ってきた多くの日本人からすると、彼らは思いもよらないほど中途半端に仕事を残して帰るという。ところが反対に、南米の現地の人々からは、日本人が遅くまで働くことについて、尊敬されるどころか不思議がられたという。その国には「明日できることは明日やれ」という格言があることを後で知ったそうだ。

もちろん、逆のケースもある。ある外国人は「日本の会議では不思議な現象に出くわすことが多い」といってはばからない。その1つを紹介すると、日本人は会議中に目を閉じて、まるで居眠りしているようなポーズをとることがあるが、それが彼の目にはとても奇異に映るというのだ。

その日本人の態度は、意見を述べる彼にとってみれば「あなたの言うことには価値がない」と言われているようなものだった。真剣に聞こうとして目を閉じるというのは日本人にありがちで、この態度を問題と思う日本人は少ないので、これには驚く人も少なくないだろう。

図表2-6　文化の違いを比較するホフステード氏によるモデル

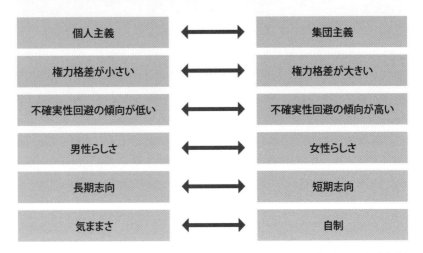

(出所) G. ホフステード、G. J. ホフステード、M. ミンコフ（岩井八郎、岩井紀子訳）『多文化世界（原書第3版）』有斐閣、2013年を基に筆者作成

　Cの複雑性については、これを生じさせる要素を示した、文化人類学者のヘールト・ホフステード氏による有名なフレームワークが参考になるだろう（図表2-6）。これは「個人主義―集団主義」「権力の格差」「不確実性の回避」等の尺度から、文化の違いを分類したものである。

　ホフステード氏のモデルで分析してみると、日本は他の国に比べて「集団主義」であり「権力格差の度合いが大きく」「不確実性回避の傾向（不確実なことを回避しようとする傾向）が高い」文化を有していると言える国だ。ただし、日本人の中でも「個人主義」傾向が強く、「不確実性回避の傾向が低い」メンバーもいるので、日本人だからアメリカ人だからと相手の文化を決めつけるのではなく、あくまでも文化の違いを理解しあう共通フレームとして使うことが重要だ。

　もし、こうした違いを理解せずに、日本人のチームに「個人主義」であり「権力格差の度合いが小さく」「不確実回避の傾向が低い」文化を有する国で育ったメンバーが入ったとしたらどうなるだろうか。そのメンバーは日本人のメンバーとことあるごとに衝突し、チームに軋轢が生まれることは容易に

想像できる。そして皮肉なことに、双方の仕事に傾ける情熱が大きければ大きいほど、その溝は深くなる。

このようにCの複雑性のうちの1つの要素を放置しただけでも、グローバルチームでは相乗効果どころかマイナスが生まれかねないのだ。

まとめ

> グローバルチームではCの複雑性により、チームづくりの難しさが増す。文化的要因は目に見えるものではなく、また互いに気づきにくいため、チーム内に誤解が生じやすく、相互理解を妨げるものだからだ。

2・9 Cの複雑性を乗り越えるマルチカルチャー・チーム

海外からの赴任社員や日本にいる外国人社員など、多文化のメンバーで構成されるプロジェクト・チームを「マルチカルチャー・チーム」と呼ぶことにする。

このようなマルチカルチャー・チームにおいては、Cの複雑性を乗り越えることは必要不可欠なものだ。

ここで、マルチカルチャーのハイパフォーマンス・チームをつくるにはどのようにすればよいか、具体的なアプローチを検討してみたい。その鍵は、文化的多様性のメリットとデメリットをメンバーがよく理解しておくことにある。

メリットは、なんといってもマルチカルチャー・チームには、「メンバーのバックグランドの多様性から生じるアイデアの豊富さ、視点の幅広さ」があることだ。問題の設定、解決策の創出、選択肢の評価、意思決定、実行のあ

らゆる局面において、チームは先入観にとらわれずゼロベースでの検討が可能になる。

　自分が当たり前と思っていたことでも、他人に問い直されて改めてはっと気づかされるということは、誰にも経験があるだろう。マルチカルチャー・チームでは、このようなことが起こりやすい。この多様性のおかげで、十分な検討なしに偏った意見にチーム全体が賛同してしまうといった"集団思考の罠"に陥ることがない。

　しかし、こうしたメリットが成果として表れるのは、チームの運営がうまく管理されている場合に限る。単純に考えても、同じ文化的背景を持つメンバーからなるチームよりも、すべてにおいて時間がかかるという側面もあるからだ。

　一方、異文化特有のデメリットも生じやすい。国の文化に付随する先入観にとらわれて、メンバーやその人の意見に対する認識に偏りが生じる可能性がある。たとえば、私たちが無意識に持っている欧米人に対するイメージ、途上国の人に対するイメージが、チームのダイナミクスに少なからず影響するというわけだ。「イタリア人は陽気」「ドイツ人は生真面目」「日本人は礼儀正しい」など、国とその国民性のステレオタイプ（型にはまった画一的）なイメージは、お馴染みの表現であろう。ただし、使い方さえ間違わなければ、こうしたステレオタイプな表現は、最も簡単で罪のないジョークやアイスブレーク（場を和ませるきっかけ）になる。

　マルチカルチャー・チームで仕事をする際には、異文化の特徴をステレオタイプの次元よりもっと深く理解し、「多様性のパワー」として活用すべきである。そのためには、エドワード・ホール氏のモデルで考察してみよう。シンプルだが非常に示唆に富むモデルである。

　ホール氏の異文化モデルは、「高コンテクスト」「低コンテクスト」のフレームワークが有名だ。コンテクストとは「文脈」という意味で、コミュニケーションをとりまく物理的、社会的、心理的、時間的なすべての環境を指し、これがコミュニケーションの"形式"と"内容"に大きなインパクトを与えていると考える。コミュニケーションにおけるコンテクストの影響から国の文化を整理するのが、高コンテクスト、低コンテクストのモデルである。

図表2-7　ホール氏による文化コンテクストと情報の相互作用のモデル

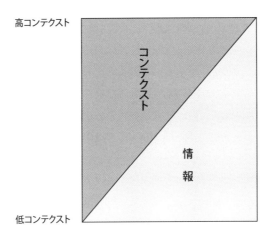

（出所）E.T. Hall, *Beyond Culture*. New York: Doubleday Anchor Books, 1976

　図表2-7における情報とは、「情報それ自体、つまり、言葉によって語られた内容そのもの」を指す。他方、コンテクストとは、その語られる言葉情報の背後にある文脈のことだ。いわゆる「非言語メッセージ全般」である。顔の表情、ジェスチャーはもちろん、対話する者同士の関係性、社会的背景、対話が持たれた場所やタイミング、その場のムードなどを含む。高コンテクストの文化では、コンテクストが意味に与える影響が大きく、ときには言語情報そのものよりもパワフルな意味を持つこともある。

　さて、高コンテクスト、低コンテクストの尺度の上に各国の文化をあてはめてみると、日本はもっとも高コンテクストの文化だとされている。私たちは同僚が発する「わかりました」が、"心からその仕事がやりたくて引き受けた"「わかりました」なのか、強引な先輩から押し付けられて"いやいや引き受けた"「わかりました」なのか、だいたいは聞き分けることができる。他方、典型的な低コンテクスト文化だとされるアメリカで働いている場合、同じような状況で「OK」と言ったなら、それが積極的なOKなのか、消極的なOKなのか察してもらえる確率は低い、というわけだ。

　低コンテクストの文化では、「コンテクストの意味合いよりも、言語メッ

セージそれ自体が圧倒的な影響力を持っている」からである。

　その国の文化がなぜコンテクストを重視するかは、民族性や宗教的な価値観、歴史的な背景などから生じており、それ自体がじっくりと考察するに値する興味深いテーマである。ここでは、このコンテクストの考え方をビジネスに適用すると、どのような示唆があるか考えてみよう。

　それは、異文化状況で仕事をする際は、特に高コンテクスト文化の出身者がより大きなチャレンジと適応を求められる、ということである。高コンテクストの最たるものとされる我々日本人は、日常的に無意識に行っている文脈に頼るコミュニケーションをきっぱりと捨てて、「言葉によるコミュニケーションにシフト」しなければならない。

　これは、欧米の低コンテクスト文化に対する場合だけに限らない。マルチカルチャー・チームのメンバーが、同じように高コンテクストの文化圏の出身者である場合も同様である。日本人とブラジル人が同じようにコンテクストに依存する特性を持っていても、コンテクストの意味するところが異なっていれば、両者の間にますます誤解が生じてしまうからだ。結局、異文化状況で最も効果を発するのは、「言語による明確なコミュニケーション」に尽きるのだ。特に複数文化の出身者からなるマルチカルチャー・チームの場合、リーダーはメンバーができるだけ言葉でコミュニケーションできるような雰囲気、すなわち低コンテクスト化を促進するべきである。

　よく「何でもかんでもアメリカナイズするのはいかがなものか」という声を日本では聞くが、理由もなくアメリカを礼賛しているのではない。低コンテクストは、グローバルに物事を進めるのに便利であるということを認識すべきだろう。

　文化的多様性への効果的な対処法が、言葉による言語コミュニケーション（それもほとんどの場合は英語）であるとなると、私たち日本人にははなはだ不利な話である。しかし高コンテクスト文化の日本人が誇れる異文化対応能力があることを指摘しておきたい。それは、「グループや場の雰囲気を読む力」である。

　コンテクストをコミュニケーションに代替させることはきっぱりと捨てなければならないが、コンテクストを読み取る力はぜひ活かしたい。やる気を

失っているメンバーはいないか、チームは活性化しているか、チームは全社的に見てどのような立場にあるのか。異文化状況におけるメンバーのコミュニケーションのスキルを開発することで、バランスのよいマルチカルチャー・チームの運営を目指していきたいものだ。

> ✓ **まとめ**
> マルチカルチャーのハイパフォーマンス・チームを運営するには、低コンテクストを前提とし、「言葉によるコミュニケーション」主体にシフトする。コンテクストを読み取れるという日本人に備わった能力も大いに活かすべきだ。

2・10 グローバルチームにおけるSの複雑性

　Sの複雑性、つまり各国や組織内の制度が異なることによって生じる複雑性も、チーム運営の難易度を上げる要因になる。
　たとえば政府の商品の認証スピードの違いが、各地域における仕事の進め方に違いをもたらし、グローバルでの商品開発プロジェクトにおけるチームワークを妨げることがある。
　製薬会社が、ある新薬をグローバルに開発・販売しようとしたとする。新薬の承認を得るための手続きやスピードは国によって異なるわけだが、それを無視してスケジュールを組んでしまうと、プロジェクト運営に支障をきたすことになる。「同じ新薬の開発だから、仕事の進め方も同じ」と考えるのではなく、国による制度の違いが、プロジェクトチームの仕事の進め方にも影響していることも意識する必要がある。

また、組織内部の構造が異なることが、チーム運営を難しくさせることがある。これは、多くのグローバル組織が「機能（部門）」と「国」という、2つのレポーティングライン（指示命令系統）からなるマトリックス組織で運営されてきたことによる弊害だ。

　たしかにマトリックス組織には大きなメリットがあり、多くのグローバル組織のチーム運営で導入されている。マトリックス組織の形態をとると、ローカルとグローバルの両方の視点を持つことができるようになり、その結果、グローバルオペレーションと各ローカル市場特有のニーズとの最適なバランスを見つけられやすくなるのだ。

　しかし一方で、そこで働く人にとってはレポーティングラインが2本存在することになる。事業部ごとの機能を管理する上司と、地域における開発から製造、購買、販売を統括する上司がおり、彼らにとっては責任権限を持つ管理職が2人いるという状態になる。

　マトリックス組織におけるレポーティングラインの違いは、チームづくりを難しくすることがある。それぞれの優先事項が異なれば（片や短期志向、片や長期志向など）、当然のことながら仕事の進め方が違うため、組織構造も異なり対立が生じる。対立をいつまでも解消しないままでいると、いずれチームは身動きが取れない状況に陥ってしまうようになる。

> ✓ **まとめ**
> 　国の制度が異なることで仕事の仕方に大きな制約が生じたり、組織内部の構造がマトリックスになったりというSの複雑性により、グローバルチームではチーム内のコントロールがききにくくなることを理解する。

2・11 Sの複雑性を乗り越える マトリックスチームづくり

　Sの複雑性を乗り越え、ハイパフォーマンス・チームをつくるにはどのようにすればよいか。ここでは、グローバル組織でよく見られるマトリックスチームを例にとって考察したい。

　マトリックスチームというのは、機能別組織と（国や地域別の）事業部制組織とを共存させ、縦横双方がマトリックスの状態での指示命令や連携が必要とされるチームのことだ。

　マトリックスチームの議論に入る前に、まずは、機能別組織と事業部制組織について比較しておきたい。それぞれのメリット、デメリットは、図表2-8のように挙げることができる。

　一般的にどのようなケースにも言えることだが、従前の組織や制度ではそのメリットをデメリットが上回るようになって、別の組織や制度を導入することになる。しかし、これまでの組織や制度のなごりが強いために、デメリットを克服すべく導入した組織や制度が、最初は十分に機能せず導入した組織や制度の方が悪いという議論が起きがちだ。しかし、これは単に狙いが追求できていないだけであって、組織や制度自体が悪いと結論づけるのは早計だ。

　マトリックスチームの導入もしかりで、マトリックスで運営する必要性、意義、運用ガイドライン（後述）などを周知徹底して、多少のデメリットには目をつぶっても、メリットを最大化させる努力を促すことが不可欠だ。そのためには、次に挙げるような施策が考えられる。

・マトリックス組織で運営する制度の意図を浸透させる

　マトリックスチームにしても、狙いが各国の幹部にすら十分に伝わっていないことがある。そうすると往々にして、現場は面倒くささなどのデメリットに目が行きがちで、たちまち頓挫するのを我々は目の当たりにしてきた。トップから幹部へ、幹部から社員へ、マトリックスの意図をしっかり伝えて

図表2-8　機能別組織と事業部制組織の比較

	機能別組織	事業部制組織
メリット	・専門化の利益を享受できる ・規模の経済を実現しやすい	・現場情報と意思決定のポイントの距離を短くできる ・トップは全社的・長期的意思決定に専念できる ・内部競争のエネルギーが生まれる ・経営層を育成でき、社長候補の見極めができる ・組織へのオーナーシップや自律感を醸成できる
デメリット	・部門ごとの評価基準が異なり、どこがうまくやっているかの評価が難しい ・責任のなすり付け合いになりやすい ・部門間の優先事項が異なり、対立が生じやすい ・対立解消にトップの時間がとられる	・事業のくくり方が難しい（市場別／顧客別など） ・事業のくくり方を、時代の変化にどう対応させるかが難しい ・共通に利用可能な資源や能力を活用できない ・組織の隙間のビジネスや組織をまたがるビジネスをとりこぼしやすい

いくことが何より重要である。

・役員に横のラインと縦のラインの両方を担当させる

　マトリックスが交わっているところに、担当役員を任命していくやり方も考えられる。たとえば、営業部門長の上司（役員）は、○○事業本部長の上司でもあるようにするということだ（図表2-9）。

　さらに、マトリックスの双方に共通のミッションを設けるといった運用上の工夫が有効だ。

　たとえば、各国各事業本部の各営業部であれば、単に「売上高増」という目標ではなく、「ブランド力強化による売上高増」という目標にする。そして、営業部門長の目標設定も「ブランド力強化」ではなく「ブランド力強化による売上高増」とするわけだ。共通の目標が掲げられていれば、より一体化し、何をどう協力しなくてはいけないかがより明確になる。

図表2-9　マトリックス組織のレポーティングライン

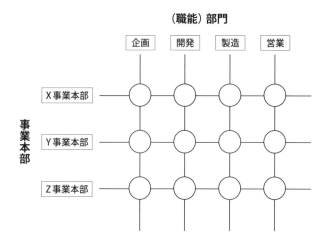

・対立解消のガイドラインを設定する

　共通の目標があったとしても、それぞれの優先事項が異なれば（片や短期志向、片や長期志向など）、対立が生じて当然だ。むしろ、互いの意見をぶつけ合うことで、課題や機会を表面化できると捉えるべきだ。

　しかし、対立がいつまでも解消しないままでいると、組織が動けなくなってしまう。問題の重さ、種類、対立にかかった時間など、どういう条件だったら上層部に判断を委ねるのかというガイドラインがあると有効に機能する。さらに、変に遠慮することなく互いに意見をぶつけ合える。

　グローバル組織のSの複雑性を、マトリックスチームを例にとって考察したが、一般的にマトリックスチームは運用が難しく、机上の空論にすぎないと主張する人もいる。しかし、だからこそ運用面で工夫をし、機能させることができるようになれば、企業にとってブレークスルーのきっかけになるはずだ。

　その証拠に、日産自動車は、カルロス・ゴーン氏の主導で地域、職能、製品の三次元によるマトリックス制をつくり上げ、その効果的なチーム運営がV

字回復の原動力の1つになった。

> ✓ **まとめ**
> Sの複雑性を乗り越え機能させるチームをつくるには、制度の狙いの本質を全員が理解し追求することが必要だ。マトリックスチームでは、共通のミッションの設定や対立解消のガイドラインの設定などの工夫が鍵を握る。

2・12 グローバルチームにおけるPの複雑性

　CSPの最後は、Pの複雑性だ。すなわち、場所・時間・技術などの物理的な要因によって引き起こされるチーム運営の難しさだ。
　グローバルチームにおいては、メンバーの活動場所は1カ所でないどころか、場合によっては世界中に散らばることになる。そのため、時差も生じ、チームメンバー同士でコミュニケーションをとることが一段と難しくなる。メンバーによっては、早朝や深夜の電話会議を余儀なくされ、体調によってミーティングに対する貢献度に影響が出たり、欠席することも起こる。
　また、日本では「顔を合わさないと話が進まない」と考える人々もまだ少なくない。顔を合わさずに仕事を進めるための「バーチャルコミュニケーションスキル」も数多あるのだが、その考え方やスキルを十分に身につけている人もごく一部だ。そうすると、グローバルなテレビ会議やインターネット上の会議で、一方的に話し続けたり、あるいは英語力の問題から沈黙するといった状況になりかねない。
　インターネット回線を使った電話会議やウェブ会議では回線の速度や安定

性が国や地域によって異なるため、通信が途切れてしまう場合も多く、ストレスもたまりやすい。やむなく音声だけで会話をする場合は、ジェスチャーや相手の表情などが見えず、声だけで相手の感情面までも読み取らなければならない。これは特に言葉数の少ない文化圏（高コンテクスト文化／日本も含まれる）の相手とのコミュニケーションでは、致命的になることもある。

　また、本社から大勢で会議に参加しているメンバーと、遠隔地から参加しているメンバーでは、細かい表情を共有することができないなどの情報量のギャップも生じがちだ。細かいコンテクストを共有できなければメンバー間に情報量の格差が生まれ、遠隔地のメンバーが疎外感を感じて発言意欲を失えば、チーム力の低下を招きかねない。

> ✓ **まとめ**
>
> グローバルチームでは、拠点の分散などによるPの複雑性により、組織がバーチャル運営を余儀なくされる。チーム内のコミュニケーションが希薄になりやすくチームづくりは難しさを増す。

2・13　Pの複雑性を乗り越えるバーチャルチームづくり

　Pの複雑性を乗り越えるバーチャルなハイパフォーマンス・チームをつくるにはどのようにすればよいか。

　Pの複雑性に対応するには、「バーチャルチーム」でのチームワーキングスキルの習得が欠かせない。

　まず「顔を合わせて話さないとうまくいかない」という先入観を捨てる必要がある。MITの調査（T. J. Allen, *Managing the Flow of Technology*, The MIT

Press, 1977）では、関係構築がきちんと行われ効率的に運営されたバーチャルチームは、顔を突き合わせたリアルチームより高い成果を上げることができたという結果を紹介している。

　実際、グローバルなバーチャルチームは効果的に運営されればいくつもの長所がある。挙げてみよう。

- 時差を利用してメンバーの誰かが必ず働いている状況にできる
- 全世界から幅広い情報が集められる
- ローカルマーケットに対する豊富な知識と情報を活かせる
- コスト削減が可能
- メンバーの多様な経験とスキルを活用できる

　とはいっても言葉の壁もある上に、バーチャルでのコミュニケーションはハードルが高いと感じる人も少なくないはずだ。バーチャルチームを効果的に機能させるために、メンバーは具体的にどのようにすればよいか、ヒントとして我々は次の6つの行動を勧めている。

①会議内容をリアルタイムに文字で確認

　バーチャル会議では、デスクトップ共有ツールなどを用いて、会議の内容を英語でリアルタイムに共有する方法が有効だ。これによって、誰もが内容を共有、確認できる上に、議論に一時的についていけなくなった場合でもすぐに内容をキャッチアップすることができる。

②バーチャル会議では助っ人を頼む

　チームメンバーの誰かに、会議の最中、自分に話を振ったり、途中で要約を入れるなどケアしてくれるよう頼んでおく。

③自分が貢献できることをあらかじめ伝えておく

　「言葉が流暢でない」といったことを申し訳なく思う必要はない。貢献できるところがあるからそのチームにいるはずだ。自分がどんな貢献ができるか

を、具体的にチームメンバーにきちんと説明しておく。

④自分の状況を知らせる努力を
「この件について返事をくれ」と言われたときは、まず「了解、いつ上司から返事がもらえるから、いつ頃返事をする」というように自分の状況を伝えることで、顔の見えない相手をイライラさせたり不必要に失望させたりせずにすむ。

⑤メールに加えて電話
メールだけでのやりとりは、日本語でもときに誤解を招きがちだ。まして文化や言葉が異なる場合、ミスコミュニケーションがあると感じたらすぐに電話をすること。生身のやりとりでより深い信頼関係を構築でき、チームでの自身の存在感を高めることができる。

> ✓ **まとめ**
> Pの複雑性を乗り越えるには、メンバーがバーチャルチームワーキングのスキルを習得することが欠かせない。たとえ物理的に離れていたとしても、心理的な距離を埋め、チームのハンデをむしろメリットに変える工夫をする。

2・14 まとめ：目指すべきグローバル・ハイパフォーマンスチームの姿

グローバルチームでチームワーキングする難しさをCSPの観点で紐解き、その難しさに対応するための勘どころを述べてきた。読者の皆さんは、グ

ローバル・ハイパフォーマンスチームの姿が、おぼろげに見えてきただろうか。

　世界中から優秀な人材を集めたグローバルチームの代表格であるNASA（アメリカ航空宇宙局）ですら（いや、NASAだからこそというべきか）、宇宙飛行士たちのみならずチームづくりには、多大なエネルギーをかけていると聞く。グローバルチームを率いるリーダーには、常にCSPの壁をメンバー全員が乗り越えられるよう、導き、支援することが求められる。

　この章の議論をまとめてみよう。

　グローバルであるとないとに関係なく、チームは単なる「人々の集合体」にすぎないグループとは別のものだと考えなければならない。チームになるためには、ベクトル、プロセス、ヒューマンという3つの要素が欠かせない。さらにハイパフォーマンス・チームというものが存在する。

　とりわけ、現在のグローバルビジネスシーンにおいては、ハイパフォーマンス・チームについて考えを深めることが有効だ。多様な背景を持つメンバーで構成されたグローバルチームをいかにうまく機能させるかを考えるとき、単なるチームにとどまるのではなく、ハイパフォーマンス・チームにしていくための要素が大いに役立つからだ。

　ベクトルでは、グローバルチームにおいては、単に目標や方針だけではなく、ビジョンやバリューズ（価値観）によって、チームの方向性の認識を一つに導き一体感を醸成していくことが必要だ。プロセスでは、グローバルチームにおいては、単に仕事の進め方や役割分担を明確にすることだけでは足りない。明確にすること以上に、臨機応変で柔軟な運用こそが鍵だ。ヒューマンでは、グローバルチームにおいては、1人ひとりの能力や意欲に意識を払うだけにとどまることなく、チーム内の関係性に留意し、関係性を発展させていくことが求められる。

　グローバルチームを機能させることは、口で言うほどたやすいことではない。そこには、メンバーが多様だからこそ生じるCSPの複雑性が存在する。グローバルチームを機能させ、グローバル・ハイパフォーマンスチームをつくっていくためには、CSPの複雑性を意識しながらベクトル、プロセス、ヒューマンという3つの観点からチームの形成を考えることが有効になる。

グローバルハイパフォーマンス・チームづくりは決して一筋縄ではいかない。むしろ試行錯誤の連続でもある。であればこそ、たった一度の失敗に下を向くことなく、何度でも果敢にチャレンジしてほしい。その際に、この章で述べたヒントが一筋の光明となるのであれば、我々にとってもこんなにうれしいことはない。

第3章 「ダイバーシティ」をグローバルに活かす

3・1 日本企業が取り組み始めたダイバーシティ

　前章では、グローバル組織開発を「チーム」に関する視点から紐解いた。チームづくりやチームワークは、日本企業が得意とするところだと考える人は多いだろうが、ことグローバル環境のような、"多様な人材が集まった"チームに限ってもそれに自信があると、どれだけの人が胸を張れるだろうか。「ダイバーシティ（多様性）」の視点を十分に持ち合わせていない日本人は少なくない。そのことが、グローバル組織の運営に苦労している日本企業が多い主たる原因の1つだ。この章では、ダイバーシティに関する視点からグローバル組織開発を紐解く。

　世の中を見渡せば、ダイバーシティ推進の取り組みが花盛りのようだ。多くの日本企業で、「ダイバーシティ」推進室が設けられ、「ダイバーシティ」研修が行われ、「ダイバーシティ」のためのプロジェクトが立ち上げられている。経営におけるダイバーシティの重要性が注目されるようになってからも久しいが、日本政府が力を入れていることもあって、その勢いは衰えるとこ

ろを知らない。

　たとえばローソンでは、数年前から「新卒採用に占める女性比率を5割、外国人比率を3割」と打ち出し、将来の人材構成を見据えた採用を行っている。ダイバーシティ推進の一環として、障がい者の雇用と活用に力を入れる企業もある。ユニクロを展開するファーストリテイリングでは、「1店舗に1名以上」の水準は日本国内ではすでにほぼ達成し、グローバルでも13の国と地域で1500名以上の障がい者が働いている。

　皆さんの属している会社でも、女性、シニア、外国人といった、これまで組織の少数派であり、サポート役や傍流とみなされていた人たちを、「中核人材」として活用し、活躍してもらおうという取り組みが始まっているのではないだろうか。

　ダイバーシティへの取り組みとして、日本ではまずは「女性活躍推進」などから始める企業が少なくなく、必ずしも直接グローバル化を目的としていないケースも多い。しかし、ダイバーシティの取り組みは、どれも人々にダイバーシティへの関心を喚起し、組織の中に多様な価値観や考え方を広げ、根づかせるものであることを思えば、組織のグローバル化をさらに促進するものであることは間違いない。日本企業の多くで、こうしたダイバーシティの取り組みが盛んになること自体は、大変望ましい状況だとは思う。

　しかし、多くの日本企業が、女性活躍推進などから始めても、そこでとどまってしまって広げられずにいる。また、そもそも、女性活躍推進そのものですら、うまく展開・進展できないといって嘆く人も少なくない。

　これらは、ダイバーシティ推進の本質を、組織に属する人々が十分に理解できていないことが主要因だと言わざるを得ない。

　たとえば、女性活躍推進をとってみても、読者の皆さんはその取り組みの意味と内容をどのように説明するだろうか。女性の管理職を増やす取り組みではないし、ましてや、女性社員の評価を甘くして昇進しやすくするような取り組みでは決してない。これまで手薄であった女性への能力開発を行いつつ、そして、実力はあるのに活躍できない、あるいは昇進できないような壁が組織のなかに存在しているならば、それを取り除く取り組みこそが本質だ。組織開発そのものだといえよう。

本章では、まず日本企業がこれまで行ってきたダイバーシティ、そしてグローバル・ダイバーシティへの取り組みを振り返り、日本企業が陥っている根本的な問題を明らかにしたい。次に、目指すべき姿として先進的なグローバル企業のダイバーシティへの取り組みを紹介し、ダイバーシティの本質を確認したい。そして、CSPの観点（図表1-3）から紐解き、ダイバーシティ推進（ダイバーシティ・マネジメント）を通じたグローバル組織開発を促進するためのヒントを数多く提供したい。最後に、日本企業の取るべき方策について、具体的な指南を行いたい。

> ✓ **まとめ**
> ダイバーシティに取り組む日本企業は多いが、女性活躍推進などは進めども、組織全体がまったく変わっていかないというケースが少なくない。ダイバーシティ推進の本質の十分な理解が求められている。

3・2　ダイバーシティの「表層」と「深層」

　先に述べたように、いま、多くの日本企業がダイバーシティ推進に着手し、全社的な取り組みを行っている。ただ、そうした取り組みの多くは、性別・年齢・国籍・障がいの有無などの属性を中心とした、目に見える「表層的」な違いに重きを置いている。
　しかし、ダイバーシティが持つ意味は、表層的レベルにとどまらない。氷山の水面に浮かぶ一角のような、目に見える違いのみに注目するのではなく、その水面下に隠れている、そうした違いをもたらす個性や文化背景、価値観

図表3-1　異文化理解の氷山モデルを活用したダイバーシティ理解

表層的なレベル
目に見えて識別可能なもの。デモグラフィック（人口統計学的特性）な特性が容易に観察され測定できる

性別、年齢、人種、国籍、肉体的能力など

深層的なレベル
明らかに判別可能なものではなく、外部からは識別しにくいもの

仕事経験、働き方、コミュニケーションのとり方、教育、第一言語、宗教、パーソナリティ、価値、態度、嗜好、信条といった心理的な特性

といった「深層的」な差異を理解する必要があるのだ（図表3-1）。

こうした深層的な差異に注目することは、1人ひとりが持つ個性や価値観の多様性を活かそうという発想につながる。1人ひとりが持つ個性や価値観が組織のなかで最大限活かされている状態をつくり出すことこそが、ダイバーシティ推進の真の狙いである。

ただし、表層的なダイバーシティを推進することは、組織にむしろ副作用をもたらすことがある。属性や目に見える違いがもたらすステレオタイプな考え（「このグループの人たちはこうに違いない」といった考え）を助長してしまうのだ。女性活躍推進の例で言えば、「子育て中の女性社員に課長や部長の役割を担ってもらうのは無理だろう」、という固定的な見方がまさにこれに当たる。本来は、マネジメント能力で判断すべきであろう。マネジメント能力を持った人は、子育て中だからこそ、さらに効率的で効果的なマネジメントができる可能性さえ十分にある。

表層的なダイバーシティ推進では、型にはめる考え方に縛られて、人材が画一的な見方で評価をされたり、それによって役割が固着したりする、といったリスクが生じるのだ。

> **✓ まとめ**
> ダイバーシティの本質を理解し推進するとは、違いの「深層的」なレベルに注目し、1人ひとりが持つ個性や価値観が組織の中で最大限活かされている状態をつくり出すことを狙いとしなければならない。

3・3 ダイバーシティ・マネジメントとは何か

ダイバーシティ推進は、健全な競争や組織づくりの中に、これまで部外者や傍流としてしか扱われていなかった人にも「中核人材」として入ってもらって、重要な戦力を担ってもらうことを狙うものだ。そして、当然、そのことによって目指すのは、経営の競争力向上である。

組織に異質な人材を取り込み、新たな競争力を生み出そうとする試みは、一般に「ダイバーシティ・マネジメント」と呼ばれている。日経連ダイバーシティ・ワーク・ルール研究会では、ダイバーシティ・マネジメントを「異なる属性(性別、年齢、国籍など)や異なる発想・価値を認め、それらを活かすことで、ビジネス環境の変化に迅速かつ柔軟に対応し、利益の拡大につなげようとする経営のこと」と定義している。

我々PFCでは、ダイバーシティ・マネジメントは、①国籍・人種・性別・年齢といった「属性」の多様さに価値を見出すこと、その上で、②1人ひとりに特有の知識や経験、価値観などの「個人の特性」を活かし切ること、それによって、③「組織のパフォーマンス」を高めることにつなげること、という3つに活動の鍵があると考えている。

こうして見ると、ダイバーシティ・マネジメントは、グローバル組織運営

の目的そのものといっても過言ではない。

　しかし、今日の日本企業の中で、ダイバーシティ・マネジメントをグローバル経営と結びつけて推進できている企業が必ずしも多くないことに、危機感を抱かざるをえない。

　ちなみに、近年では社員各人の組織への参画実感（＝認められ貢献できているという自己効力感）をより強調して、ダイバーシティ＆インクルージョン（D&I）という呼び方が定着してきている。「ダイバーシティ」は人々の差異や違いを意識した言葉であるが、「インクルージョン」は一体になるという意味合いの強い言葉である。また、ダイバーシティは多様性のある状態をつくることに焦点を当てているのに対し、インクルージョンは人々が対等にかかわり合いながら、組織に参加している状態をつくることに焦点を当てている。また、ダイバーシティが多様な人が働くことのできる環境を整える考え方であるのに対し、インクルージョンは1人ひとりが自分らしく組織に参加できる機会を創出し、貢献していると感じることができる日々の文化をつくろうとする発想に基づいている。本書では混乱をさけるために、より多くの企業が採用しているダイバーシティ・マネジメントという呼称を採用するが、ダイバーシティ＆インクルージョンと同義であるとご理解いただきたい。

> ✓ **まとめ**
> 　ダイバーシティ・マネジメントとは、①国籍・人種・性別・年齢といった「属性」の多様さに価値を見出すこと。その上で、②1人ひとりに特有の知識や経験、価値観などの「個人の特性」を活かし切ること。それによって、③「組織のパフォーマンス」を高めることにつなげることである。

3・4 日本企業のグローバル・ダイバーシティの現在地

　ダイバーシティの取り組みの本質を組織内に十全に理解させられないだけではなく、ダイバーシティの取り組みを経営のグローバル化と結びつけることができていないことも、日本企業が抱えるダイバーシティの課題である。

　ダイバーシティの取り組みを経営のグローバル化と結びつけるというのは、先のダイバーシティ・マネジメントの要点に沿っていえば、「グローバルな文脈で保有人材を多様化すること」を積極的に行い、そして、「彼らの知恵や経験、才能を有効かつ最大限グローバルに活用すること」を通じて、「グローバル経営の成果や成功(すなわち、海外市場の攻略、製品のグローバル開発、グローバル戦略の策定と実行、グローバルな組織調整や協業のプロセスのイノベーション等)を導くこと」だ。

　我々が知る限り、残念ながら今日の日本企業は、ダイバーシティ・マネジメントを経営のグローバル化にうまく結びつけることができていないようだ。「グローバルな文脈で保有人材を多様化すること」すら、なかなか進展させることができていないといえよう。

　その証左の1つは、グローバル化を標榜する日本企業の経営陣が、依然として日本人の男性によって占められているという事実である。日本企業の経営は、これまで長い間、日本人の、しかも男性主体の経営によって成り立ってきた。近年になってようやく、武田薬品工業が外国人をトップに据えたり、日立製作所が立て直しを図るためグループ企業から海外経験の豊富な人材を経営陣として呼び戻し、外国人の社外取締役も擁立する動きがあったが、そうした企業はまだ少数派だ。つまり、現時点では、日本人主体の経営から脱却しなければならないという認識が、いくつかの日本企業でようやく芽生えつつある段階だといえそうだ。

　証左の2つめは、日本企業の海外現地法人における現地人材の離職率が、現地系企業や他の外資系企業よりも高いという事実だ(図表3-2)。

図表3-2 中国における外資系企業の階層別離職率

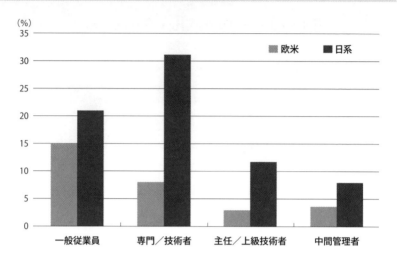

(出所)『人材教育』2006年3月号（日本能率協会）

　海外現地法人においても日本人主体の経営が行われているため、現地人材の管理職への昇進機会が阻まれ、キャリアアップに限界があることが、その主な原因である。組織において女性の昇進が見えない壁で阻まれている状況のことを「グラス・シーリング（ガラスの天井）」と呼ぶが、これをもじって日系企業の現地法人の状況は「ライスペーパー・シーリング（米でできた紙の天井）」と呼ばれている。我々が危機感を感じるべき点は、ライスペーパー・シーリングは日系メーカーが生産拠点を海外展開し始めた80年代からいわれていたということだ。つまり、日本企業では昇進できないので現地系か他の外資系企業に転職するという状況が、30年以上も続いているのである。海外現地法人でのダイバーシティ・マネジメントはこの30年間進化していないといえばいい過ぎだろうか。
　海外人材の「取り込み」（多様化すること自体）も（取り込んだ人材の）「活用」も、どちらも苦手な日本企業はきわめて多そうである。
　それでも最近は、たとえばコンビニエンスストア・チェーンが東南アジアへの展開を見据えて国内外で外国人新卒採用（「取り込み」）を盛んに行うな

ど、変化の兆しが見え始めた。また、「活用」についても、ソニーや日立グループなど、海外人材をも含めたタレントマネジメント、次世代経営リーダー育成のニュースを耳にする機会も増えるようになった。

　これまでの日本企業は、国内の旺盛な消費行動に支えられて成長を遂げてきた。しかし、国内消費が減少し、海外で稼ぎ、グローバル社会に貢献することが生き残りの要となった現在、日本企業は変わらざるを得なくなった。組織全体として海外人材の「取り込み」と「活用」を喫緊の課題として位置づけ、企業の存亡を賭けて真剣に議論しなければならない時代が到来したのだ。

> ✓ **まとめ**
> 　本質的な理解が足りないだけでなく、ダイバーシティ・マネジメントをグローバル経営に活かすこともできない日本企業は多い。海外人材の「取り込み」も「活用」もどちらも苦手で、悪循環に陥っている。

3・5　日本企業が無意識にとってきた「同化」アプローチ

　我々は日本企業におけるダイバーシティ推進の取り組みに数多く接してきたが、その基本的なアプローチの方法を、根本的に見直す必要があると思う場面が少なくない。

　日本企業の多くは、ダイバーシティ推進にあたり「同化」のアプローチをとってきた。同化とは、マイノリティ（少数派）に対し、マジョリティ（多数派）のやり方に倣うことを求めるやり方だ。たとえば女性活躍推進と謳い

ながら、「男性みたいに働けるのならば、"管理職にしてあげる"」といったアプローチをとってきたわけだ。これをそのまま外国人社員に当てはめると、マイノリティ（外国人社員）にマジョリティ（日本人）と同じようにふるまうことを求めることになる。

　要するに、「多数派（日本人）のやり方に倣うのならば、少数派である異質人材を中核人材として受け入れよう」ということだ。日本（本国）では、「日本語が堪能で日本文化に詳しい日本の大学を卒業した外国人」を採用する、外国人社員には、「日本の職場でのあるべき振る舞い方」などの研修を行うことで教育する、海外拠点では、「日本人の気質に合ったおとなしい現地人材」を率先して採用する、といった行動がそれに当たる。

　「同化」アプローチにはメリットもあるが、デメリットも多い。

　まず、メリットとしては、新規参入者である少数派に既存のやり方やシステムに従ってもらうので、仕組みを変えるコストがかからないという点が挙げられる。少数派が多数派の習慣に合わせてくれるので、多数派側は考え方や行動を改めたり、変えたりする必要がなく、よって少数派の考え方や価値観に深く思いを馳せる必要もなくなる。つまり、少数派を受け入れる際の物理的・心理的なリスクと負担を減らすことができる。

　一方、デメリットを考えてみると、本来、多様性をもたらす存在であるはずの少数派側が、常に多数派に倣って行動し続けることで自分らしさを失ってしまうということが挙げられる。疎外感が蓄積され、本来の実力を発揮できなくなるのだ。ちなみに、このように組織内で少数派に働くダイナミズムのことを「トークニズム」と呼ぶ。少数派として目立つがゆえにさまざまな抑圧を感じ、行動や態度が限定的になってしまう現象だ。少数派集団が実力を発揮できない理由の心理学的根拠とされている。

　ふたたび女性活躍推進の例で言えば、職場で紅一点の女性は、会議において男性の意見に迎合するか、あるいは男性から期待される女性らしい発言や行動をしがちになる。つまり、女性ならではの発言をするでもなく、性別など関係なく自分の価値を発揮するでもなく、男性が想出する範囲内の役割を演じるのだ。落ち着くところは、会議では常に記録係を担い、求められない限り発言しないなどの行動だ。アメリカではトークニズム排除の観点で、公

民権運動の時代から、職場の少数派であった有色人種に対して、自己肯定に基づくアサーション（建設的な自己主張）・トレーニングがなされてきた歴史がある。トークニズムに陥るプレッシャーを、スキルアップにより克服しようとする考え方だ。

同化アプローチは、組織にとっても大きな損失をもたらす。せっかく組織内に取り込んだ異質性に、同質化を強いることにより、組織は異質な視点を活用できなくなる。多数派が少数派の異なる意見に気づき、視野が広がり、結果としてイノベーションや変革が起こる、というチャンスを逃してしまうのだ。

日本には「郷に入っては郷に従え」ということわざがあり、組織への新参入者は、新たな視点を提供して問題提起をする前に、まずは組織のしきたりに慣れ、一人前のメンバーとして周囲から認められることが優先される。入社してすぐに従来からのやり方に異論を唱えたりすると、「うちの会社のことを何もわかっていないのに生意気だ」となる。この組織メンバーシップ獲得に1年も2年も費やしていると、外国人社員はしびれを切らし、より短期で活躍できる職場に転職してしまう。日本人の価値観に根ざして、無意識に同化アプローチがとられている側面もある。文化的価値観については、3・9で詳しく述べよう。

このように日本企業では、日本本社への外国人の取り込みにおいて、同化アプローチがとられている傾向が高いが、ここに興味深い事例がある。弊社クライアントのある日系メーカーでは、一時期、日本の大学出身の中国人を日本で大量に採用し、彼らを中国に戻して仕事をさせていた。しかし、その多くは現地での仕事に適応できなかったという。理由は、採用した中国人が日本人に同化しているためだ。中国では現地系・韓国系といった競合のなかでアグレッシブに事業開発する人材が求められているが、彼らと比較すると、日本の風土に同化した中国人はおとなしすぎてしまうのだ。

そして、この事例はもう1つ、同化アプローチのデメリットに関して、私たちにある重要な示唆を与えてくれる。

それは、同化アプローチでは、イノベーションや変革といったダイナミズムの機会を失してしまうという従来から言われていたデメリットに加え、採

用段階で無意識的に同質化を求めることで、あらかじめ制限された小さな人材プールからしか採用ができなくなってしまうことだ。今後は、こちらのデメリットがより重大な問題になるだろう。

　かつて、海外拠点の役割が日本的生産システムを習い覚え、安く生産することであった時代、つまり日本のモノづくり技術が現地でそのまま強みとなっていた時代は、海外人材に日本への同質化を求める同化アプローチも効果があった。しかし、現在、海外拠点の役割は、調達、製造、マーケティング、販売と多岐にわたるケースが増えてきた。現地のニーズに応えるものをつくり、現地で買ってもらうことが重要な役割になってきている。そこでは、現地人材の知識と特性を最大限に活用することが鍵となる。しかし、従来の同化アプローチではそれは難しい。同化アプローチでは、立ち行かなくなっているのだ。

まとめ

グローバルでのダイバーシティ・マネジメントがうまくいかない理由は、日本企業が海外人材に対して無意識にとってきたアプローチが「同化」だからだ。同化アプローチは、せっかく取り込んだ異質人材に同質化を強いるものだ。

3・6　日本企業の不人気を招いてきた「分離」アプローチ

　一方、ダイバーシティ・マネジメントの1つの方法として、「分離」アプローチをとる企業も多い。異質なものを本流とは別に切り離して隔離して扱うアプローチだ。中国のマーケティングは中国人のチームで、シニア向け商

品の開発は当事者であるシニアのチームで、というやり方である。女性活躍推進の成功事例として、女性向け美容機器は女性のチームで開発したパナソニック、ワーキングマザーだけの営業チームを組織して成功したパソナといった事例が有名だ。

　分離アプローチは、少数派のみが集う「出島」をつくる方法なので、少数派には居心地の良い環境を提供できるというメリットがある。大企業で新規事業を立ち上げる際に、他業界からの中途採用者や契約社員のクリエーターを集めたビジネスユニットをつくり、リスク回避的な本体の社風や意思決定慣行の影響を受けないようにすることがある。このような分離アプローチは、外部環境の変化に伴い、仮にそのビジネスユニットが不要になった場合に切り離しやすいというメリットもある。

　一方、デメリットは、多数派との接点が極めて限定的となり、両者がぶつかり合うことで起きうる化学反応やイノベーションが期待できないことだ。特に、本流が異質なものからの刺激を受けて気づきを得ることも、変革が始まるチャンスもない。

　かつて、グローバル化を目指そうとして、外国人を特定の部署に配属する日本企業も少なくなかった。その場合、その部署だけが異なる職場風土を持つようになる。組織全体で見れば、必ずしもダイバーシティが進むわけではない。

　また、多くの日本企業では、これまで、海外拠点で分離アプローチを進める傾向にあった。特に、海外現地の販売拠点においては、現地のニーズがわかり、現地語を操り、現地の顧客とコミュニケーションをとることができることが何よりも重要なので、現地人が多く採用される。それゆえ、現地人材をマネジメントするための人事制度は現地の労働法や雇用慣行に合わせる必要があり、マネジメントの諸制度もプロセスも現地化せざるをえない性質を持っている。したがって、多くの企業では海外拠点の人事部長は現地人だ。海外拠点の日本人人事担当者は、日本からの赴任者対応が主な仕事である。つまり、人材マネジメントについてはまさに分離アプローチがとられてきた。この結果、いざワールドワイドで優秀人材のデータベースを構築しようとしたり、将来のグローバル経営を担う次世代リーダー候補を識別しようとする

と、海外の優秀な人材が本社からはまったく把握できないという事態を招いているのである。

> ✓ **まとめ**
> 「分離」アプローチをとった日本企業は、組織のダイバーシティ、さらにはグローバル化を推進することができなかった。同様に、日本企業の不人気を招いたのは、海外拠点での「分離」アプローチにあった。

3・7 欧米先進企業が進める「統合」アプローチ

これまで述べてきた通り、日本企業はこれまで海外人材に対し、主に国内では同化アプローチ、海外では分離アプローチをとってきた。このようなパッチワークではなく、ワールドワイドで本来の意味でのダイバーシティ・マネジメントを実現している企業では、どのようにして多様性を取り込み、グローバル経営に活用しているのだろうか。ここではその成功事例を、世界最大の複合企業であるGEを例に見てみたい。

GEは1980年代後半に人材マネジメントの大胆な方向転換を行っている。それまでのアメリカ人至上主義を捨て去り、世界中のあらゆる人材に対して登用の門戸を開いたのだ。意欲と能力があれば国籍を問わず公平に機会を与えるキャリアパスを整備し、必要な能力を有する優秀な人材を世界中から確保した。代表的なものに、次世代リーダーを早くから継続的に育成する「サクセッションプラン」や、従来に比して迅速に昇進を進める「ファストトラック」といった仕組みがある。

このとき登用された日本人に、最近までLIXILグループの社長を務めていた（2011～16年）藤森義明氏がいる。藤森氏は日本の商社から転職してわずか2年後に、医療分野の5事業の1つを任されたという。
　GEにとって医療分野は企業の屋台骨もいえる。そのうちの1つを日本人に任せることはGEにとっても大きな賭けだったかもしれない。しかし、藤森氏は見事にその期待に応えた。藤森氏はこのチャンスを足掛かりに、2001年にはアジア人初の上級副社長になっている。ほんの20数年前まではアメリカ人によって主導されてきたGEにおいて、誰もが納得する結果を残すことで、その地位まで上り詰めたのだ。
　藤森氏は当時を振り返って、対等な条件と公平なルールの下で戦える場をGEが用意してくれたことが何よりも大きかったと語っている。そして、最近までトップとして指揮を執ったLIXILグループにおいて、GEと同様のことを行った。グループが目指す方向性を理解し、それに基づいた適切な判断ができるリーダーを世界中で育成しているのだ。そこでは国籍や性別、年齢などは一切問われない。優秀な人材は積極的に登用し、成果に見合った報酬で報いている。
　しかし、その一方で、期待された成果を達成できない人材に対しては相応の対処が行われる。たとえば2014年に海外事業の営業利益が思ったより伸びなかった際には、不振の原因だったアジア事業の上層部を約20人交代させた。
　藤森氏がGEで経験し、LIXILグループに移って実践したこうした手法は、これまでの日本企業が海外人材に対してとってきた同化アプローチとも分離アプローチとも違う。
　このアプローチは「統合」アプローチと呼ばれる。異質な人材が活躍しやすいように、組織全体を変革するのだ。真のダイバーシティ・マネジメントに必要不可欠なアプローチだ。
　このアプローチは、マイノリティが活躍できるように、組織の仕組みを変革したり、新たな風土を築いたりするというものだ。たとえば女性に男性と同じように働くことを強要するのではなく、女性だけのチームをつくるのでもなく、女性が活躍できる（女性だからといって活躍できないことがない）

ようにするために、職場全体の残業体質を改善するといったことを行う。あるいは、どのような国籍やバックグラウンドを持つ人であっても納得できる、透明性の高い評価制度を全社に導入・運用するということも欠かせない。

　統合アプローチでは、異質なものを同質化することなく異質なまま、そして異質なものを隔離することなく受け入れる。さまざまな多様性を持った人材が活躍できるように、制度や組織全体の風土を変革・進化させていくのだ。それまで本流であった本国人（GEであればアメリカ人、LIXILであれば日本人）から見ると異質かつ傍流の人材である外国人が活躍できるように評価や育成、キャリアパスの制度を整備する。そして、国籍にかかわらず優秀な人材が実際に登用され、評価されるように評価者の能力向上・行動変革を促進するなどの風土改革を行う。

　統合アプローチにおけるキーワードは"インクルージョン（受け入れ）"だ。ダイバーシティを推進しようとするだけでは、「同化」や「分離」にとどまりがちだ。そこには、区別や排他の発想が暗黙的に残っている。

　日本企業は、統合アプローチへの変革のさなかにあるといってよいだろう。

　日立グループは、これまでは各国、各社が個別最適で行ってきた人材マネジメントを、グループ・グローバルでの最適を実現するための人材施策に切り換えた。

　武田薬品工業はトップに外国人を据え、エグゼクティブチーム14名中、日本人はたった5名となった。研究所でも創薬ユニット長に外国籍人材を次々に登用するなど、人材のグローバル化を大胆に進めている。

　まだスタートを切ったばかりと言えるが、日本企業の中にもようやくこうした動きが出てきたことは、真のダイバーシティ・マネジメント実現に向けての大きな一歩である。

　今後、グローバル化を進める日本企業にとって、統合アプローチをとり、外国人が基幹人材として活躍できる組織になることは、重要かつ喫緊の課題である。

> ✓ **まとめ**
> 欧米先進企業では、「同化」でも「分離」でもなく、「統合」アプローチをとって、グローバル・ダイバーシティマネジメントを成功させている。統合アプローチにおけるキーワードは、"インクルージョン（受け入れ）"である。

3・8 グローバル・ダイバーシティマネジメントの困難

　グローバル経営のためのダイバーシティ・マネジメント、つまりグローバル・ダイバーシティマネジメントとは、「グローバルなコンテクストで保有人材を多様化すること」を積極的に行い、そして、「彼らの知恵や経験、才能を有効かつ最大限にグローバルに活用すること」を通じて、「グローバル経営の成果や成功（すなわち、海外市場の攻略、製品のグローバル開発、グローバル戦略の策定と実行、グローバルな組織調整や協業のプロセスのイノベーションなど）を導くこと」だと述べた。これを実現するためには、世界中に散らばるすべての社員に対して、その誰もが理解でき、人種や出身国にかかわらず、能力に応じて公正に評価や選抜がなされる世界共通のトータルな「環境づくり」をしていくことが鍵である。とはいえ、グローバル規模でそれをやろうとすれば、時間はもちろん、労力も膨大なものとなる。

　現在、最も効果的なグローバル・ダイバーシティマネジメントを行っている企業の1つにIBMが挙げられる。聞けば、今日のようなマネジメントが運用できるようになるまでには10年という月日を費やしたという。

　難しいのは制度の導入のみならず、同化でも分離でもない「統合」の風土がワールドワイドに実現されている状態をつくり出すこと、つまり真のグ

ローバル・ダイバーシティマネジメントが実践できる組織風土への変革である。

IBMは世界各国に拠点を持っており、このワールドワイドな風土変革にずいぶんと時間を要した。グローバル・ダイバーシティマネジメントへの変革を阻害する、さまざまな阻害要因があるからだ。

グローバル・ダイバーシティマネジメントへの変革を阻む阻害要因を、特に日本企業にとって軋轢となる要因にフォーカスをあてて、CSPの順に見ていこう。

まとめ

真のグローバル・ダイバーシティ実現のために、統合アプローチをとることは欠かせない。グローバル先進企業でもその実現に10年という単位の時間を要するグローバル・ダイバーシティマネジメントだが、その阻害要因はやはりCSPだ。

3・9 Cの複雑性から見るグローバル・ダイバーシティマネジメント

言うまでもなく、地球上に生きるすべての人間とその社会は、それぞれに多様な文化的な慣習を持っている。

その文化を背景にした価値観の違いを表す最たる例は、宗教であろう。世界にはさまざまな宗教があり、なかには行動様式を厳しく規定している宗教も少なくない。そして、これらの宗教的価値観・行動は、ほぼすべてがビジネス活動より優先される。日本には「郷に入っては郷に従え」という言葉があるが、こと宗教に関してはこの言葉は当てはまらない。彼らを受け入れる

ために、組織側は宗教的な禁忌への対応を迫られているのだ。たとえば、ハラルに対応したメニューの設置、イスラムの祈りの部屋の用意や業務時間内での礼拝を許可するといった配慮を行っている日本企業も出てきている。

文化的価値観の場合には、このような目に見える行動への対処がぱっと思いつくが、グローバル・ダイバーシティマネジメントへの変革を阻むのは、組織のあり方、対人関係のあり方、働き方やコミュニケーションの中に無意識のうちにしみついている文化的な価値観である。

第2章ですでにホフステード氏とホール氏が表した文化的価値観を図解したが（図表2-6、2-7）、「集団主義的か個人主義的」「権力格差が大きいか小さいか」「不確実性回避の傾向が強いか弱いか」「高コンテクストか、低コンテクストか」の組み合わせは、国や地域によって異なり、しかもその度合いもそれぞれで強弱が異なる。もちろん、厳密に言えば、たとえ同じ国、地域で生まれ育っていたとしても、これらの傾向は家庭環境などによっても各個人で異なってくる。

ではここからは、このモデルに沿って、グローバル・ダイバーシティマネジメントにおいて、日本人および日本企業の障害となりうる文化的特徴を見ておこう。

❖集団主義的か個人主義的か

日本人が強く持っている集団主義の文化では、企業組織における個々人の仕事の境界線は曖昧である。チームワークが重視され、誰も守っていない場所に落ちたボールを自発的に拾うことが美徳とされる。日本企業は、環境変化に対して有機的・自発的に行われる改善活動で対応してきたし、そのような行動を社員に求める。一方、欧米諸国にみられる個人主義に根ざした組織は、個々人の職務記述書（ジョブ・ディスクリプション）を積み上げた形で組織されており、各人の責任範囲が明確化されている。日本企業であっても、欧米の拠点では秘書にお茶出しを頼めないというのは有名な話である。つまり職務記述書に定義されていない、あるいは誰が行うか明確化されていない仕事については、管理職はいちいち社員とコミュニケーションをとり、ときには交渉する必要がある。

❖ 権力格差の大小

　まず、権力は「権限」とは異なることに留意したい。権限は、社会や組織ヒエラルキーの上層部が有する役割のことである。下層部よりも当然ながら大きな役割や任務を担い、その分、報酬が大きい。一方で権力とは、権限そのもの以上の影響力や権威、人々からの尊敬の念を指す。

　権力格差の大きい文化は、社会や組織の上位者に対して、役割が求める行動や成果に加え品格や人格を求める。日本をはじめとするアジア圏では、社長や部長、上司といった自分より上の職位である人が人格者であり、尊敬に値する人であることを期待する。ある日本人管理職は、中国で職場メンバーと食事をするとき、必ず上司である自分が全部の支払いを行うという。権力格差の大きい文化では、人々は役職者に父親のような人格や威厳、包容力を期待するのだ。

　一方、権力格差の小さい文化では、上司は管理職の役割をまっとうしてくれていれば十分である。上司に対してもファーストネームで呼び捨てにする。また、役割が大きいので、その分報酬が大きいという考えがあるため、上位者だからといってへりくだったり、やみくもに尊敬することはない。思ったことや反対意見を迷わず上司にぶつける。つまり、フラットなのだ。日本では昨今、シニアの延長雇用で元上司が自分の部下になるケースが増えているが、「年長の元上司に対して、指示指導するのが苦痛である」との声が多いのは、多分に日本的と言える。

❖ 不確実性回避

　日本は、大変高い不確実性回避傾向を示す国民文化であるらしい。将来のことが予測可能であることを好み、そのような社会システムを築くことに注力する。

　その最たる例が鉄道の運行スケジュールだ。トラブルさえなければ1分と違わず目的地に到着することができる。そして、これは日本人が持っている高い品質、仕事の正確さ、締め切り厳守の仕事姿勢・態度につながっている。しかし、海外ではこの「当たり前の効率性」をあきらめなければならない。公共交通機関を使った旅行や移動には、常に不確実性が存在している。

図表3-3　高＆低コンテクストにおける断り方の違い

高コンテクストの場合
ちょっと（難しい）……
It's a bit difficult ………

低コンテクストの場合
いいえ。残念ながら今日はやることができません。でも来週の月曜ならやれます。あるいはデビッドに頼んでみたらどうですか？
No, I am afraid I will not be able to complete the work today.
However, I will be able to finish it next Monday. Or, do you want to ask David for help?

　中国人社員は、何を頼んでも「できます！」という返事をするものの、期日までに仕事が仕上がったためしがないと嘆く日本人マネジャーは多い。製薬業界のグローバルネゴシエーション研修では、海外CRO（受託臨床試験機関）に対するマネジメントにおいて、品質と期日をいかに守ってもらうかがここ数年の重要なディスカッション・トピックとなっている。

❖コンテクストの高低

　コンテンツ（内容）が埋め込まれている背景・文脈のことをコンテクストと呼ぶことは第2章でも述べたが、日本は世界で最もコンテクストに依存した文化を持つと位置づけられている。状況や相手との関係性によっては、コンテンツの意味が変わってしまうことすらある。

　一方で低コンテクストの文化で育った人は、言語ですべて表現しなければならない。日本の経営理念が、外国人には曖昧すぎて意味がわからないのはそのためだ。また、「検討しておきます」"It is very difficult."が、それぞれ日本的コンテクストであれば婉曲な断りであることが伝わらず、外国人に期待を持たせてしまうといったケースも多くあり、外国人と信頼関係が築けない

場合がある。

　また、低コンテクスト文化は概して発話量が多い。言葉でやりとりしてなんぼ、という価値観があるからだ。単に仕事を断る場合も、個人主義的な発想から能力がなくてできないのではないのだ、条件が整えばできるのだ、他にできることはないか、と言葉で埋め尽くす。「言わぬが花」を美徳とする日本人的な観点に立つと、ときに言い訳がましく聞こえてしまう（図表3-3）。

　いかがだろうか。ここで見たものだけでもその差異は歴然としている。そして、グローバル・ダイバーシティマネジメントでは、こうした差異のすべてを多様性として受け入れなければならない。つまり、グローバル・ダイバーシティマネジメント実現にとって、Cの複雑性はきわめて高い壁なのだ。

> ✓ **まとめ**
> 　グローバルでは、無意識に染みついている文化的価値観が、Cの複雑性として立ちはだかる。特に日本企業は多様な文化的背景と噛み合わない。同化を前提としてきたことが問題を生じさせている。

3・10　Sの複雑性から見るグローバル・ダイバーシティマネジメント

　次に、Sの複雑性について考えてみたい。グローバル・ダイバーシティマネジメントへの変革を阻む制度的要因として、「終身雇用」と「年功序列」を取り上げよう。日本の高度経済成長を支え、かつて世界を席巻した高いモノづくり能力の原動力となった組織内の制度として、経営学者のジェームズ・アベグレン氏が指摘したいわゆる日本的経営の三種の神器のうちの2つだ。実に日本的であるこれらの制度的要因は、組織に異質性を持つ外国人社員を取

り込んだときに大きな摩擦を生む。

　たとえば、外国人社員を部下に持つ日本人管理職から「外国人はすぐ辞める」「せっかく育てても、ある程度経験を積んで成果を上げたら、次のポジションを目指して転職してしまう」という言葉を聞く。継続的・長期的に1つの企業で働くことが当たり前だと思っているからの発言だ。それらは昨今の女性活用推進の動きの中で出てくる男性管理職からの「女性社員はいつまで働くかが不明」「せっかく育てても育児休暇に入ってしまう」というコメントとよく似ているのは皮肉としか言いようがない。

　いずれにしても、日本人は継続的・長期的に1つの企業で働くことを前提としない異質な社員のマネジメントに不慣れなのだ。

　当然ながら日本でも、外資系企業やベンチャー企業はこの類ではない。ある外資系IT企業で働く人事部の女性管理職は「私は3人子どもがいて3回の育児休暇から復職したが、そのたびに、新しい事業部やポジションに就き、そこで定義された明確なミッションの下にすんなりと仕事に復帰し、成果を上げることができた」と言っている。この企業には現地採用の外国人社員はもちろん、海外からの赴任者も多いが、長期雇用を前提としない組織のつくり方（この会社はIT業界の環境変化のスピードに合わせて、対応すべき事業や仕事・組織を柔軟に生み出している）、仕事の与え方が、外国人や女性といった多様な人材が活躍しやすい環境を提供するという好例である。

　次に、年功序列について見てみる。組織における入社年次による秩序づけを重視していることは、たとえば我々が銀行で管理職研修を行う際などに如実に表れる。参加者が参加者名簿を覗き込み、他の参加者の入行年次を確認するのである。参加者に先輩が多いのか、後輩が多いのかによって、研修会そのものの状況を判断しようとするのである。これも高コンテクスト社会の習慣といえようが、ありていにいえば「空気を読む」ことに神経を使っているのだ。

　これまで日本企業が年功序列にこだわってきたことを見ればわかるように、年功秩序には利点も多い。余計な対立を秩序で予防できるといった場合だ。

　対照的なのが、日本における外資系企業の例である。外資系企業では年次・年齢による秩序がないために混乱が生じることがある。たとえば、自分

よりも年下の社長が海外から赴任してきてトップになるという状況だ。業績と実力を評価されてのことだと頭では理解できても、年下の上司に対する感情的なわだかまりが信頼関係構築の障壁となることがある。

年功による秩序を持つ組織に異文化を持つメンバーが入るとどうなるかという具体例として、弊社の台湾人女性コンサルタントの経験を話そう。彼女は日本の銀行で働いたことがあるが、新入社員時代に仕事の目的を上司に質問し続けたら「上司にたてつくとは何事だ、うるさい」と一喝されたそうだ。目的を確認しただけの彼女にとって、上司の言動は、まったくもって理解不能なものだった。彼女はその日の夜、転職用の履歴書を書き始めたという。

年齢・年功による秩序は、健全な対立を阻むことがままある。上の人に本音で進言できない。おかしいことをおかしいといえない硬直した文化を、組織に植えつけてしまうのだ。日本人には対立に対する嫌悪感を持っている人が少なくないため、年功などの秩序で予防しているとも言える。それに対して、権力格差の度合いが低い、低コンテクスト文化を背景にする社会では、対立や議論はイノベーションの源泉であるとさえ考えているのである。

念のため、対立にも2種類あることを付記しておきたい。コンテクスト面での対立は健全でイノベーションにつながるが、関係性や感情面での対立は、組織や成果に悪影響を及ぼすことがわかっている。必要なのは健全な対立だ。

ここまでSの複雑性に述べてきたが、そこにはCの複雑性も多分に含まれており、私たちの組織や仕事の考え方、上司部下の関係のあり方といったことに対する考え方、価値観が強く影響している。

> ✓ **まとめ**
>
> Sの複雑性は、統合アプローチを進めるうえで、目に見える形でも明らかな阻害要因となる。日本企業では、長期的雇用や年功序列といった制度的な要因が、グローバル・ダイバーシティを阻む。

3・11 Pの複雑性から見る グローバル・ダイバーシティマネジメント

　グローバル化による物理的な拠点の分散も、グローバル・ダイバーシティマネジメントを阻む要因となりうる。日本人はワールドワイドで地理的に分散した拠点のマネジメント、およびその主要手段であるバーチャル・コミュニケーションに不慣れであり、これを克服せねばならない。

　たとえば、日本のビジネス文化は、「表敬訪問」という言葉すらあるように対面のコミュニケーションを重視している。しかし、グローバルな組織においてはそれを望むことは難しい。年に1回、対面するだけのコミュニケーションでは圧倒的な不足感を覚えるだろう。

　そのため、コミュニケーションを密にとるためにバーチャル・コミュニケーションのスキルを身につけるのは、グローバル組織のいわば宿命でもある。電話会議やウェブ会議を使って異なる拠点にいる、文化の異なるメンバーと信頼関係を結び、プロジェクトを進捗させるスキルが必要となる。

　日本が高コンテクストな対面重視のコミュニケーション・スタイルを確立したのは、島国でありながら自主独立を維持しうるだけの経済基盤を持つという国の特性も関係しているだろう。対面で相手の表情や空気を読み、察する力をフル稼働させながら信頼関係を築き上げていくやり方である。このやり方が営業活動やリーダーシップの肝だった長い歴史があるために、グローバル化に伴い低コンテクストにスタイルを変えることにとまどいを感じるのだ。

　一方、大陸型の諸外国ではそうではない。有史以前からさかんに異文化との接触・交易を続けてきたという背景が、現在の低コンテクストの文化の源流にある。

　ここでは、日本と同様に小国でありながら、バーチャルで低コンテクスト・コミュニケーションが得意な国民をご紹介したい。実はスウェーデン人は、バーチャル・コミュニケーションが得意である。スウェーデンはヨーロッパ

大陸の小国で、国外とのやり取りなしでは経済的発展が難しい。だから、彼らは第二言語である英語を使って、欧州各国の相手とコミュニケーションをとらざるを得ず、この能力が発達している。スウェーデンをはじめとする北欧諸国は、リアス式海岸や山岳地帯という入り組んだ地形で、鉄道がそれほど発達していない。無線電話通信がいち早く発達し、ビジネスでもプライベートでも、人々はすぐに電話をかける。街中で、イヤフォンを使って話しながら歩いている人を見かける。低コンテクスト文化では、話し言葉をたくさん重ね、意見を交換することで信頼関係が増幅する。そう考えると、かの地で世界をリードする携帯電話通信技術が国の優位性に資していることも頷ける。

　あるいはまた、アジアなどの新興国でのスマートフォンの普及に伴うバーチャルコミュニケーション力の高さにも目を見張るものがある。

　日本人リーダーの中には、特に重要な交渉では必ず実際に会って話をしたいという人が、いまもって多いだろう。しかし、このような日本のコミュニケーション・スタイルはグローバルで見れば少数派である。大多数は自らの意見や要求を明確な言葉で表現する低コンテクストのコミュニケーションを行っており、重要な交渉であってもそれを電話で行うことをいとわない。多様な地域に広がる多様な人材を活かし、まとめていくためには、「やはり顔を合わさないと」などと言ってはいられないのだ。

　たとえば、海外の現地人材が日本にいる日本人マネジャーに将来のキャリアについて相談したいといってきたとき、マネジャーが「重要なことだから対面で話したい、ついては次の出張がある半年先まで待ってほしい」などと言ったら、それだけで両者の間にはギャップができてしまう。現地人材にとっては電話でも十分話せることであり、それができないということはマネジャーが逃げていると感じるのだ。日本人マネジャーは大事なことだから丁寧に対応したいという思いがあるのだろうが、それは相手にはまったく伝わっていないと考えた方がよい。もしかしたら、半年後にはすでにその現地人材は会社を去っているかもしれない。

　この点においては、日本人は彼らのやり方を学ぶ必要がある。英語を使ったバーチャルミーティングは、テクノロジーを活用し、そしてルールを知り、

慣れさえすればうまくなるものなのだ。

> ✓ **まとめ**
> ハイコンテクスト文化の中で物理的な対面を重視してきた日本企業は、欧米から遠く離れ、本来外国語や通信技術を大いに活用しなければコミュニケーションがとれない状況にあったにもかかわらず、Pの複雑性に対処できていない。

3・12 欠かせないグローバル・タレントマネジメント

　ここまで見てきたように、真のグローバル・ダイバーシティマネジメントの実現のためには、乗り越えなければならないCSPの複雑性がある。そのために、日本企業が従来のやり方を大きく転換しなければならないことが3つある。

　1つめは、世界中で働くすべての社員が公平に活躍できるようにするための仕組みづくりである。具体的には、どんな人材にも公平に機会を与え、活躍を促す、「グローバル・タレントマネジメント」と称される人事制度の導入である。前述の通り、いままでの日本企業は終身雇用という考え方の下で、社員が長く継続的な経験と学習を通じてリーダーを育成するやり方をとってきた。そして長く継続的な努力を「すべての社員」に取り組ませるために、昇給や昇進に大きな差は設けず、ある意味ブラックボックスの状態で評価を行ってきた。グローバルでは多様な考え方の人材が集まり、また当時よりビジネス環境においても圧倒的なスピードが求められるこの時代には、今までの仕組みでは間に合わない。ましてや成長意欲の高いグローバルの人材は日

本企業のやり方に首をかしげざるを得ない。よって、全世界で働く従業員たちが同じモノサシで評価され、適性のある人材であれば、年齢や国籍に関係なく登用する仕組みが不可欠なのである。日本でもこの仕組みに対する理解が高まり、日立製作所などグローバル化に力を入れる企業が導入している。

　2つめは、「タレントマネジメント・システムの効果的運用」である。実際にタレントマネジメント・システムを導入している欧米企業を調べてみると、制度そのものの先進性や論理性の高さは大いに参考になるものの、それ以上に日本企業と違うと感じさせるのが、その「効果的運用」である。私たちと付き合いのある欧米系グローバル企業では、タレントマネジメントのサイクル（①本人申告と上司との擦り合わせ、②パフォーマンス評価、③上司と上司の上司ならびに人事部門による異動・昇格の方向性の決定、④異動やプロジェクトへのアサイン、⑤必要なスキルやリーダーシップ開発）は日本企業と異なるものではなかった。しかし、運用面について、以下の点が徹底されていると聞き、運用が徹底できずに苦労している日本企業との違いに驚いた経験がある。

①**タレントマネジメントの目的に対する共通理解**
　・「優秀な人材がもっとよいパフォーマンスを出すために必要なことは何かを考え、提供すること」という目的を設定している

②**組織のトップのコミットメント**
　・強い組織をつくるのは、その組織のトップである。人事はそのサポーターであるとの認識が徹底されている
　・タレントレビューは一般社員レベルからCEOクラスに至るまでのべ3〜4カ月時間をかけて行っている

③**若手人材の登用**
　・30代前半の社員が事業部長やバイス・プレジデントとして登用される

④**期待される役割の具体的明示とアカウンタビリティ（責任意識）の醸成**
　・求められる役割を、きわめて具体的な事例とともに明示している

⑤**制度運用にまつわる知識とスキルの向上**
　・評価者研修など、すでに存在する制度を現場で具体的に運用してもらう

ためのトレーニングを充実させている

　上述したクライアントをはじめ多くの外資企業から「景気が悪くなってきたので○○研修は見送りたい。しかしパフォーマンスマネジメント研修だけは継続します」と連絡を受けたことが過去に何度かある。これは彼らのパフォーマンス・マネジメントに対する優先度の高さを表す象徴的な例と言える。
　主たるものを記してみたが、仕組みの策定もさることながら、改めて日本企業の本当のチャレンジは運用にあると思われる。
　3つめは、「タレントマネジメントを浸透させるためのマインドの醸成」である。上述の通り、従来の思想に基づく運用とは大きく異なってくるので、多くの社員の意識の変革が必要になってくる。実際に付き合いのある外資系企業においても、このパフォーマンスマネジメント・システムの意義、そして内容を理解するのに、人事部門主催のワークショップや全マネジャーを集めた合宿を数回にわたって行い、ことあるごとにリーダーが一貫したメッセージを出し続け、3年目にようやく認識が整ってきたという経験がある。変革のプロセスについては、第5章に譲るものの、相当の覚悟と粘り強さが必要になってくる。
　こうした状況を踏まえ、ある大手メーカーがグローバル化に向けて大きく舵を切っているのが印象的である。彼らはグローバル・カンパニーとして生き残っていくために、チャレンジ目標を掲げた。その中期目標を実現するために、これまで国内人材を主要なポジションに就けて管理を行っていたが、グローバル基準でのパフォーマンス・マネジメントの仕組みを策定し、運用を開始している。
　それに加えて、彼らは運用の鍵を握る現場の人事部門の戦力化を掲げ、大規模な変革活動を仕組みの完成に先駆けて行ってきた。「専門家からビジネス・パートナーへ」という御旗を立てて、大規模な調査を行い、人事部門の役員が音頭をとって活動を推進した。
　私たちも企業のグローバル化について数多く相談され、支援してきているが、トップマネジメントや人事部門の「グローバル化」が大きな課題である

ケースが少なからずある。そのようななかで仕組みや制度に偏りすぎず、同時並行的に変革を進めてきていることは注目に値する。

> ✓ **まとめ**
>
> 日本企業にとってグローバル・ダイバーシティマネジメント実現のためには、公正な機会、活躍を促す人事制度というタレントマネジメントの導入とその運用が必要。日本企業は制度づくりに着手し始めたばかりだ。

3・13 増す人事の役割の重要性

グローバル・ダイバーシティマネジメントの重要性を認識し、制度改革に着手する日本企業も増えてはいるが、ふたを開けてみると、既存の制度ですら現場での運用が機能していないということが少なくない。

我々PFCがこれまで多くの日本企業と接する中で認識した、人材のマネジメントに関する課題は、おおむね以下のように集約できる。グローバル・ダイバーシティマネジメント実現を阻んでいるのは、こうした課題だ。

・管理職が部下への評価に対するフィードバックで具体的事実が言えない。
・期首に適切な目標設定ができない。上位目標との連動性がない。
・部下のキャリアゴールと、目標のすり合わせができていない。

これらは、制度自体の整備の問題ではない。いかに人事制度を事業自体や戦略と結びつけることができるか、あるいは、いかに現場の管理職に制度を

運用してもらうかにかかっている。がゆえに、人事の役割の重要性が増している。

しかし、日本企業では多くの人事担当者は、制度作りと、制度説明会の実施までを仕事と考えているようだ。我々がこれまでコンサルティング活動で接する限り、人事は事業を推進する活動こそ大事と捉えている人は多くはなかった。

日本企業においては、事業戦略の策定会議に人事部が必ず呼ばれることにはなっている企業は多く少ないようだが、海外では、人事部門が戦略策定会議において重要な役割を果たす企業を多く目にしてきた。事業戦略の中身に対して様々なアドバイスをしているし、逆に事業戦略を十分に理解することで、必要な人材の採用や必要なスキルの向上などを把握し、人材戦略に活かしている。

残念ながら日本企業の人事からは、「うちのトップや事業部長が考えていることが分からないと、人事として動きようがない」といった声を聞くことが少なくない。しかし、人事が一歩踏み込んだ役割を果たすということにさえなれば、このような声は聞かれなくなるのではないか。

現場の管理職の啓蒙やスキルアップも、人事が果たすべき役割として重要性が増している。管理職による現場での制度の円滑な運用がなければ、グローバル・ダイバーシティマネジメント実現は不可能だ。とりわけ、いくつかの領域での日本企業の管理職のメンタリティの変革は、人事部門にとって急務だ。

たとえば、ある大手日本企業の台湾拠点での管理職研修の参加者が、全員男性だったので驚いたことがある。なんとこの企業の台湾拠点では、現地女性の管理職比率はゼロだったのである。聞くと、女性社員の仕事は主として事務サポートとお茶くみということだった。現地採用の管理職達も、それが普通という認識で働いていた。台湾では女性管理職比率が平均で23％と、日本よりも女性の社会進出や意思決定への参画が進んでいるのだが、この日本企業は、平均的な日本企業の日本での実態よりずいぶん遅れた状況だった。

グローバル経営の醍醐味は、進出先の立地優位性を組織内に取り込み活用できることにある。この企業の台湾拠点では、台湾にあるがゆえに日本より

もダイバーシティを進めた状況に組織を持っていくことが可能だったにも関わらず、日本を持ち込み、日本企業の悪しき伝統ともいうべきやり方に沿って組織を運営しており、せっかく獲得した現地の優位性を無駄にしているのは残念なことだ。

> ✓ **まとめ**
>
> グローバル・ダイバーシティマネジメントを進めるにあたって、人事の役割の重要性が増している。特に戦略や事業に人事を結びつけることと、現場の管理職の啓蒙にこそ力を注がなければならない。

3・14　公平な運用から公正な運用へ

　グローバル・ダイバーシティマネジメントを実現するためには、主要なステークホルダーを巻き込み、啓蒙していくことこそが肝要となる。
　その際のキーワードとなるのは「公正さ」だ。企業のビジョンや戦略に照らして合理的な基準を設け「公正さ」をもって、多様な人材を成果や同一基準で評価・育成することが最大のポイントになる。
　この点についても、日本人には当たり前でありすぎるがゆえに心の奥底に根づいてしまっている無意識的なメンタリティがあると言えるかもしれない。先述したCSPの複雑性によっても、日本企業は多様性に対して公正さをもってマネジメントすることに慣れていない。なぜなら日本の人事制度はこれまで、多数派を年功で管理してきたからだ。つまり、日本の人事制度は「公正さ」ではなく「公平さ」に軸足が置かれてきた。

「公正さ」への感度の低さは、何もグローバルな話題に限らない。たとえば、女性活用の現場で時短勤務の女性社員をどう評価するべきかに悩む管理職は多い。「長時間労働もいとわない男性社員」という単一的な社員の管理に慣れてしまった結果、イレギュラーな対応ができずに思考停止に陥ってしまうのだ。

時短勤務の女性活用については、働く時間が異なるのだから、本人とよく話し合って働き方に応じた目標設定をすればよいだけのことだ。つまり、管理職がMBO（目標管理制度）の運用をしっかりできさえすれば、この問題は解決する。そしてそれをしていくためには、「公平さ」ではなく「公正さ」に軸足を置いた制度が背景に必要となる。

まとめ

日本的人事慣行は公平さに軸足があったが、公正さに視点を変える必要がある。具体的には、MBO（目標管理制度）運用における管理職の目標設定や部下との面談の能力を上げる必要がある。

3・15 グローバル・タレントマネジメントの実現の鍵を握る現場の運用力

ここまで述べてきたように、国籍にかかわらず優秀な人材が活躍するグローバル・ダイバーシティマネジメント実現のためには、人事制度としてのグローバル・タレントマネジメントが欠かせない。特にタレントを早期発見、育成する能力とMBO（目標管理制度）をきちんと実行する能力が現場の管理職に備わっているかがきわめて重要になる。

その意味からいっても、グローバル・タレントマネジメントの運用は、人

事部に任せるものではなく、管理職自身がイニシアチブをとるべきものとなる。従来の日本のやり方とは大きく異なるが、管理職がイニシアチブをとれなければ、MBOもその後の公正な評価もできない。

　MBOについて、レノボの事業部人事担当者（HRBP）は、「主なビジネス領域で毎年目標を設定するのと同様に、ビジネスプランの一環として年間の人材育成の目標も設定している。人事部の役割は、事業部長および部長レベルが設定する人材育成目標の実現をサポートすることである」といっている。

　たとえばハイアールでは、目標設定と目標達成のプロセスがすべて公開されていて、いつでも誰でも見ることができるようになっている。その業績結果は毎月開示され、自分のものだけでなく同僚の目標達成率も一覧できるようになっている。人材管理の透明性を高めることで、制度運用面の公正さを担保しているのだ。

　このように、人材マネジメントの仕組みは今日、より現場主導になっており、従って人事制度自体はよりシンプルになる動きがある。人事制度の最近の潮流として、評価のレイティングを極力減らし、企業によってはレイティングを全面廃止するという動きがある。社員をA＋からCやDまで、成績順に並べて管理するのではなく、社員各人が持てる能力と潜在性をいかんなく発揮しやすいよう、つまりは真のダイバーシティ実践企業として、他者との比較やランキングを廃止する動きである。

　会社から与えられるレイティングやランキングがなくなると、社員が自身のパフォーマンスの良し悪しや立ち位置を理解するために、現場マネジャーからのフィードバックや今後の成長のための対話を持つことが非常に重要になる。昨今、上司・部下の間で頻繁で質の高い対話を促進する企業が増えている。上司・部下の対話が「タッチベース」とか「タッチポイント」と称されて、日常的に行われるよう、2週間に1回のタッチベースを義務付ける企業も出てきている。社員の個性にあった目標設定、進捗の共有、問題解決のサポート、パフォーマンスや成長に対するフィードバックが対話によりなされている。上司・部下の信頼関係が今までにも増して問われるようになるということだ。

　人材マネジメントの現場への権限移譲の最たるものは、社員の報酬決定ま

でも現場マネージャーが行うことである。評価の公正さの源泉、つまり何に対して公正であるかはあくまで業績や顧客への価値提供であり、社員は国籍、性別、入社年次といった属性にかかわらず、発揮した価値に応じて評価され、報酬を受け取るべきだ、という究極のダイバーシティ・マネジメントである。

このように、ダイバーシティ推進にあたっては現場マネジャーの人材マネマネジメントの実践力が試される。レイティングの廃止といった人事制度改革が起きていない企業であっても、人材マネジメントの基本であるMBOを現場マネジャーが経営視点から公正に運用することが重要である。

まとめ

グローバル・タレントマネジメントの成否は、現場の運用力が鍵を握る。特に、タレントを早期発掘・育成する能力と、MBOをきちんと実行する能力が、現場に備わっているかどうかが肝だ。

3・16 優秀人材確保のためのマイノリティ戦略

ここまでは全社規模のグローバル・ダイバーシティマネジメントについて見てきたが、最後に海外拠点のそれに触れておきたいと思う。

日本企業の海外人材市場におけるブランド力は、本国に比べて落ちることが一般的だ。国内では新卒大学生の憧れの的である日本企業が、海外ではその業界すら存在しない無名の就職先となることは珍しくない。結果として、現地で優秀な人材を獲得するのは難しくなる。

そのような場合は、現地人材市場におけるマイノリティ戦略を考えることが有効になりうる。

実はこれは外資系企業が、かつての日本の人材市場でとった手法である。IBM、HP、イーライリリーといった外資系企業が日本に参入した1960〜70年代、有名大学の優秀な日本人男子学生がこぞって就職したがったのは日本の大企業だった。そこで彼らが目をつけたのが、日本の人材市場におけるマイノリティ、つまり女子学生たちだった。外資系企業が優秀人材を発掘していたことは、内永ゆか子氏（NPO法人J-Win理事長）、小林いずみ氏（経済同友会副代表幹事）といった現在の日本を代表する女性ロールモデルたちが大学卒業後の最初のキャリアを外資系企業でスタートさせていることも関係あるかもしれない。両氏にとっても、当時は、そもそも就職しようと思ったら外資系ぐらいしかなかったというわけだ。

　このように、現地人材市場に対して企業のブランド力がない場合、主流とは言えない少数派にスポットを当てることで、十分に成果をもたらす人材を登用することができる。

　このような動きは日本企業でも始まっている。

　たとえば、ヤマハ発動機はインドで女性専門職の採用に力を入れている。インド社会における女性の地位向上を後押しし、より多くのキャリアウーマンがバイクに乗って通勤する、動き回ることを目指している。

　また、かなり昔のことであるが、日本の大手IT企業のイギリス拠点で、ジャマイカ人やパキスタン人が活躍しているのを目の当たりにしたことがある。彼らにインタビューしたところ「この会社は資格を取ればレベルの高いチャンスをくれる。プロジェクトマネジャーにもなれる」と非常に意欲的で、組織に対するエンゲージメントも高かった。聞けば、彼らは以前、おもちゃ工場のラインや自動車整備工場で働いていたという。現地でマイノリティである人材に機会を与え、公正な育成・評価を提供することで企業の競争力を高めた好事例と言えるだろう。

> ✓ **まとめ**
> 日本企業のグローバル・ダイバーシティマネジメントを進め競争力を高めるには、海外拠点での優秀な人材確保のための「マイノリティ」活用戦略まで考えるべきである。

3・17 まとめ：真のグローバル・ダイバーシティに向けて

　グローバル・ダイバーシティマネジメントの究極の目標は、誰もが活躍できると同時に、彼ら1人ひとりが持つ能力を企業が余すところなく活用できる組織の実現だ。

　ある企業のダイバーシティ推進室長は「女性活用ですらあと30年かかるのではないか。こんな状況ではグローバルは見当すらつかない」とため息をついていたが、それではいけない。日本ではダイバーシティというと「女性活躍推進」にとどまっている企業もまだ少なくないが、女性の働き方の多様性を受け入れることも、グローバル化のための1つのステップにすぎない。多様な働き方をする女性が活躍していない組織で、海外人材が活躍できるとはとうてい思えない。

　あらゆるダイバーシティ推進は、グローバル化に向けた組織変革能力が問われると思って取り組むべきものだ。それでも変革が遅々として進まないのなら、外国人や女性といったマイノリティを、マイノリティでなくなるぐらいの規模で組織上層部に登用する、といった思い切った変革が必要かもしれない。

　最後にもう一度繰り返す。グローバル・ダイバーシティマネジメントは、企業の競争力強化に直結する活動だ。であればこそ、企業にとっては単なる

ブームや片手間での取り組みではすまされない。これからの日本企業は、グローバルでの成長目標を達成していくために、多様なバックグラウンドを持つ世界の優秀な人材を惹きつけ、維持していかなければならない。

本章では、グローバル組織開発のためのグローバル・ダイバーシティマネジメントの難しさと、そして日本企業がどのようにしていくべきかについて見てきた。

組織内の多様性が高まると複雑性が増し、組織内の混乱や対立のリスクが増す。それに対応するために、受け皿としての組織のマネジメントの変革が必要である。ダイバーシティ推進を標榜する世界の先進企業は、同質的な人材を集めようとするのではなく、異質な人材を取り込むことを「戦略」として位置づけ、戦略実践のためのマネジメント変革に成功しているのだ。

✓ **まとめ**

今後、日本企業は、異質な人材を取り込むことを「戦略」として位置づけ、さらに異質な人材を効果的に活用できるよう現場の運用に力を入れ、真のグローバル・ダイバーシティの実現を目指さなければならない。

第4章 グローバルに「バリューズ」を浸透させる

4・1 バリューから世界基準の「バリューズ」へ

「価値観」という意味を表す「バリューズ」という言葉は、聞き慣れない人が多いと思う。一方で「価値」という意味を表す「バリュー」という言葉は馴染み深いだろう。これらは、「トップバリュー」「バリューセット」といった言葉が消費者向け商品で使われ、「値段の割に価値がある（お買い得感がある）」という意味で日常用いられている。世間での知名度が高い人を「ネーム・バリュー（名前の価値）」があると表現することを想起したり、「バリュー・チェーン（価値連鎖）」といった経営学の言葉を連想する人もいるかもしれない。

他方「バリューズ」と複数形で表現すると、「価値」ではなく「価値観」の意味を持つ英単語になる。日本ではこれまで価値観にあたる意味で使う場合も"バリュー"と呼ぶ人が多かったが、本来複数形でなければ価値観という意味にならず、グローバルな環境では意味が通じない。そこで我々は、「価値観」の意味で使う場合には、あえて「バリューズ」と呼んでいる。

バリューズは、組織開発では決して欠かすことのできないものだ。グロー

バル組織開発においてはなおさら、その重要性がクローズアップされる存在になっている。世界に散らばる、価値観も多様な人たちや組織を1つにまとめるためには、強い求心力が必要になるからだ。

グローバル企業のように、大きく広がった組織や人を一体にする術は、大別すると2種類ある。1つは"ルール"による統制で、もう1つが"バリューズ"による統制だ。"ルール"による統制は、基本的には押しつけられ、逸脱が許されない窮屈なものだ。一方"バリューズ"による統制は、組織に属する各人の内部で起こる。つまり、各人が"バリューズ"を大切にしようとする「想い」によって、結果として組織としての統制がとれていく。統制と言っても、がんじがらめになるというより、むしろ組織に属す人々は自由になれる。バリューズがあることで、バリューズ以外の部分では、地域や各人の個別の状況に合わせた、自律的で柔軟な判断や行動が促されるようになるのだ。

まとめ

　グローバル組織開発において、バリューズは決して欠かすことのできないものである。多様性を尊重しながら組織として求心力を持たせ、組織として一体となって活動を行っていくためには、バリューズの存在と浸透が鍵だ。

4・2　バリューズとは何か

その重要性が認識されているにもかかわらず、企業としてのバリューズがきちんと策定され、それを社員1人ひとりの心に浸透させることができている企業は、決して多いとはいえない。日本企業においても、グローバルに通用

図表4-1 ミッション、ビジョン、バリューズの体系

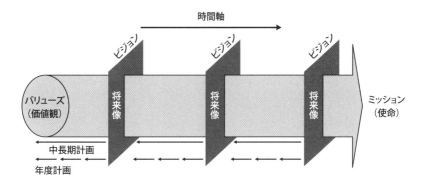

ミッション（使　命）：不変かつ未来永劫に希求する、その企業の存在意義
ビジョン（将来像）：目に浮かぶように描写された、その企業のある時点での将来像
バリューズ（価値観）：その企業が使命を追い求めていく際に大切にする考え方であり、判断基準になるもの

するバリューズをつくり、そしてバリューズをグローバルに伝えることに大変苦心している姿を、我々は数多く見てきた。

　バリューズを重要視し、だからこそバリューズのグローバル浸透に相当なエネルギーを注ごうとしている企業からの我々への支援依頼は引きも切らないが、そもそも浸透させる前に混乱を招かないよう体系の整理が必要な企業が少なくない。

　まず、バリューズに類するものは、「社是」「社訓」「フィロソフィー」「クレド」「○○の心」「行動規範」「○○WAY」「○○ism」など企業ごとにさまざまな表現がなされているため、大変まぎらわしい。さらに日本ではバリューズという言葉が一般的でないことから、"ミッション（使命）"、"ビジョン（将来像）"の概念と混同されている場合も少なからずある。たとえば「理念」と呼びながらも、中身を見てみると、ある企業ではバリューズを表し、ある企業ではビジョンを表現している。あるいは、「理念」の中にバリューズとミッションの両方を含めているようなケースもある。バリューズの浸透を

図るためには、まず内容と位置づけをきちんと確認し、整理することが欠かせない。

ミッション、ビジョン、バリューズについて体系を整理すると図表4-1のようになる。

ミッションとは、その企業の存在価値であり、普遍かつ未来永劫に希求するものだ。ビジョンとは、その企業のあるべき将来の姿が目に見える形で表現されたものである。

そして、バリューズとは、「その企業が使命を追い求めていく際に大切にする考え方であり、判断基準になるもの」と定義している。そして、「組織と個人の共通の価値観」と言い換えることができる。単に「価値観」という一語では不十分だ。価値観というのは誰もが持っているものだが、1人ひとりが持っているだけでは「バリューズ」にはなり得ていない。また、組織で共有されたものであっても、各人の行動や判断の基準として機能するまでになっていなければ、「バリューズ」が真に共通の価値観となっているとは言えない。

バリューズにあたるものの呼称が「社是」「フィロソフィー」など企業ごとに異なるのは構わないのだが、できれば、"ミッション""ビジョン"と並んで、"バリューズ"という言葉が一般用語になったら、すっきりもするし便利になると思う。少なくとも3つの概念を明確に線引きして使うようにすれば、バリューズ浸透の取り組みにあたっての無用の混乱を招くことも防げるはずだ。

> ✓ **まとめ**
> バリューズとは、「組織と個人の共通の価値観」だ。ミッション・ビジョン・バリューズの3つの概念の位置づけを明確に区分けすることが重要だ。

(注)本章では以降、単にバリューズと表記した場合は企業バリューズを指すこととする。一方混乱を避けるため、企業と個人の価値観が議論に登場する際には、「企業バリューズ」と「個人の価値観」という表記で使い分けることとする。

4・3 バリューズ浸透は業績向上をもたらし、競争力強化につながる

　バリューズは、世界に散らばる価値観の多様な人材や組織を1つにまとめる強い求心力の源泉として、グローバル組織開発に欠かせないものだ。そして、明確なバリューズにより結束された企業は、高い競争力を有することができるようになる。

　バリューズが共有されている組織では、そうでない組織よりも業績の点において優れているという以下のような調査結果もある。

- 収益成長率が4倍以上高くなる。
- 雇用創出率が7倍以上高くなる。
- 株価の伸びが12倍以上早くなる。
- 収益性が750％高くなる。

（ジェームズ・M・クーゼス／バリー・Z・ポズナー『リーダーシップ・チャレンジ』海と月社、2014年より）

　読者皆さんの中にはこの数字に驚かれた人もいるのではないだろうか。バリューズが共有できている組織とできていない組織では、これほどまでに大きな差がついてしまうのだ。

　リーダーシップ論の権威であるハーバード大学のジョン・コッター氏は、自らの研究の中で、企業文化への業績への影響を説いている。例えば、「適応力のある文化（culture of adaptability）を築いた企業は、そうでない企業に比べて明らかに業績が高い（その他の企業と比べ、利益が7倍に及ぶ）」ということを明らかにしている。そして、文化を築くには、「その文化を共有できる社員で組織を構成することだ」と述べている。

　ただし、「築いた文化が、業界における環境条件や企業戦略に合致していることが前提。むしろ、そうでない場合はマイナスに作用する」（J・P・コッ

ター／J・L・ヘスケット『企業文化が高業績を生む』ダイヤモンド社、1994年）という研究結果も紹介している。バリューズが独りよがりではだめだという点には注意が必要だ。

> **✓ まとめ**
> バリューズを1人ひとりの社員に浸透させることは、組織業績の向上にも寄与し、変化対応などの競争力強化にもつながる。ただし、バリューズは業界環境、企業戦略に沿うものでなければ逆効果になる。

4・4　バリューズはなぜ業績を向上させるのか

では、なぜバリューズ浸透が業績の向上につながるのだろうか。

一言で言えば、バリューズの浸透は、「個人」「自組織」「社外のステークホルダー」の3つの広がりの効果的な連鎖を生む（図表4-2）。

❖バリューズ浸透による、個人に対する効果

バリューズが社員1人ひとりに浸透すると、個人に以下のような変化が表れる。

・組織に対するエンゲージメントが向上する。
・仕事に対するモチベーションが向上する。
・（各人が感じる）組織とのフィット感が増す。
・離職率の低下（リテンション向上）につながる。
・1人ひとりが組織の目指す方向を明確に把握できるようになる。

図表4-2 バリューズの浸透がなぜ長期的な業績（成果）向上につながるのか？

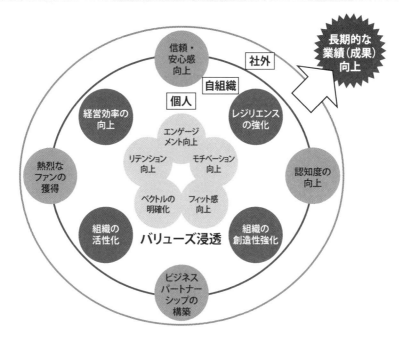

　「バリューズを共有することで、社員にとって日常業務がより意味深いものとなり、働く意義を実感できる。それにより、モチベーションの維持、向上にもつながる。働くことに喜びを感じ、その結果、貢献と忠誠がさらにハードワークに駆り立てることになる」（コッター／ヘスケット『企業文化が高業績を生む』）という研究結果も出ている。

　また、バリューズの共有により、何を大事にしながらビジョンに向かうかも明確になる。逆にバリューズの浸透が十分でないと、個々の活動も方向性がバラバラになり、組織的な力にまとめることができなくなるので要注意だ。

❖バリューズ浸透による、自組織に対する効果

　バリューズが社員1人ひとりの仕事上の判断基準になると、組織に以下のような効果が表れる。

- 経営効率の向上：意思決定や判断の質とスピードが上がり、戦略の質が向上する。組織としての無駄が減り、生産性が高まる。
- 組織の活性化：自発・自律的でお互いに協力しあう関係が構築され、活気ある職場が実現する。
- 組織の創造性の強化：組織知（ナレッジ）の共有・蓄積と同時にアイデアが創造される。
- 組織レジリエンスの強化：マイナスの外的要因などに対するレジリエンス（耐性）が高まり、力を発揮し続けることができる。

オリエンタルランドでは、従業員誰もがディズニーランドという夢の国の世界の一員であることをバリューズを通して意識し、1人ひとりが当事者意識を持って業務にかかわっている（4・11で詳述）。東日本大震災のとき、地震、液状化、数万人の帰宅困難者が発生するなか、アルバイトも含めた従業員が迅速かつ親切丁寧な来場者への対応で安全を確保することができたのも、このバリューズあってこそのことだったろう。

❖バリューズ浸透による、社外のステークホルダーに対する効果

バリューズが上記のように個人および組織に浸透すると、社外のステークホルダー、すなわち顧客・市場・社会などに対してもさまざまな好影響を与えるようになり、結果として組織の中長期的な業績も向上していく。

- 安定した質の高いサービス（製品）提供に対する信頼感、安心感を顧客が抱く。
- 真っ先に思い浮かべる依頼先・商品提供先となり、推薦の対象となる。
- ともに価値を創造する（シナジーを出したい）ビジネスパートナーとなる。
- ブランドとしての認知度がさらに向上する。

バリューズ浸透は、すべてのステークホルダーに対し、企業のブランド力をトータルに高めるものだ。と同時に、それがそのまま競合他社との差別化となる。そして、組織における主体的・自律的な行動を起こせる人材の占め

る割合が大きければ大きいほど、その企業の組織力・ブランド力はますます強化されるようになる。

たとえば、製造業のC社では、組織のバリューズ(「お客様とともに成長する」「お客様のために常に知恵を絞る」)の一環として、南米の工場で地元のカレッジや技術学校との関係を構築し、子供たちに「品質とモノづくり」について教えている。この活動の結果、子供たちから大人にC社の品質へのこだわりが伝わり、現地でのC社の高品質なブランドイメージの向上につながっている。

まとめ

バリューズ浸透がなぜ業績の向上につながるのかについては、バリューズ浸透によって、「個人」「自組織」「社外のステークホルダー」の3つの広がりの効果的な連鎖が生まれるからだと考えられる。

4・5 CSPの複雑性にバリューズ浸透で対応

そもそもグローバルな環境下では、CSPの複雑性(図表1-3)によって、ただでさえ組織はバラバラになりがちだ。したがって1つにまとめるためのよりどころになるものが必要になる。しかもそれは、現場の社員1人ひとりの自律性ある判断や迅速な意思決定を促すものでなくてはならない。全体では一体感を保ちつつも、現場は適切に迅速に動けるようにすることが、グローバル組織運営の鍵になる。そこでバリューズの出番だ。

グローバルにおけるCSPそれぞれの複雑性に対して、バリューズ浸透が果たす役割や効果を、順を追って確認しておこう。

❖ Cの複雑性

　組織がグローバル化すると、多様な文化を背景に持つ人材が属すようになるので、個人が持つ価値観の幅はより多様化する。国内組織以上に、バリューズによって行動や判断の基準を合わせる必要性は高くなる。こうした状況で行うバリューズ浸透は、社員の行動様式や意識レベルをある一定水準に導く、いわば「人材教育」にほかならない。たとえば、諸外国では、日本で求められるような品質の要求水準の高さをわかってもらえないと嘆く声もよく聞くが、それなら品質に関するバリューズを浸透させることだ。

　企業文化は国の文化の違いを凌駕するという学術研究結果もあるほどだから、国の文化の違いを理由にバリューズ浸透をあきらめてしまわないことだ。

　現地人材の教育は長年現地任せで、遅れがちという企業は多い。しかし、バリューズ浸透を図ることで、一気に現地の、そして世界共通の人材教育を進めることができると考えたらいかがだろうか。

❖ Sの複雑性

　組織のグローバル化が進むと、国や地域を越えた人材配置が増える。バリューズ浸透を図ることは、「共通言語」を整えておくことになる。

　たとえSの複雑性により、組織や制度が異なっていたとしても、各人が共通のバリューズを意識し、それをどこに行っても体現しようとすれば、異国での業務を円滑に進めていくことができるようになる。

　今日では、グローバルレベルでの人材の流動化に合わせてグローバルでの人事評価制度などの共通化も急がれるが、たとえ制度の共通化が追いついていなくとも、共通言語で業務ができる人を増やしておくことで、異動も円滑に進めることができるはずだ。

❖ Pの複雑性

　組織がグローバル化すると、時差もあり距離も遠く離れた拠点間で連携を図らなければならないことが増える。そのような状況でのバリューズ浸透は世界各国の拠点の「連携・協働」を促す。

　たとえばある企業では、それまで製品故障の対応が地域によってバラバラ

だったが、バリューズ浸透によって「最優先すべきは顧客の業務を止めないこと」という共通認識が醸成されたと聞く。そしてそれ以後、グローバルでの連携が円滑になった。「最優先すべきは顧客の業務を止めないこと」という目的のために、社員が地域や部門を越えて協業し、必要な情報提供や部品調達が行われるようになったからだ。さらにいえば、地球の反対側にもそして会ったことすらなくても、「自分と同じ価値観を共有する仲間がいる」と感じられることの影響力は想像以上に大きかったという。バリューズという見えない糸でのつながりは、言葉では言い表しがたい組織の一体感をもたらすはずだ。

> ✓ **まとめ**
> バリューズ浸透でCSPの複雑性に効果的に対応できる。バリューズ浸透の意味あいは、Cに対処する「人材教育」機会であり、Sに対処する「共通言語」整備であり、Pに対処する「連携・協働」促進である。

4・6　バリューズ浸透の5ステップ

ここからは、CSPの障壁を乗り越えて、どのようにグローバルにバリューズを浸透させていけばよいかを論じたい。

いうまでもなく、バリューズは策定して終わりというものではない。むしろ策定したところから始まる。バリューズは世界中に散らばる社員1人ひとりにきちんと浸透しなければ何の意味もない。

しかし、グローバルでのバリューズ浸透は、多くの日本企業にとって、決

図表4-3　バリューズ浸透の5ステップ

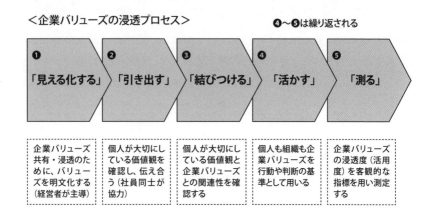

して簡単なことではないようだ。とりわけ、原則的に単一民族で形成されていた日本では、「上司や先輩の背中を見て学べ」という暗黙知による人材育成が機能したように、バリューズも暗黙の了解で浸透してきた。また、長らく日本企業では長期（終身）雇用という前提があったがゆえに、組織としてはそう努力せずとも自然に浸透し、また、維持されたという面もある。だが、グローバル組織開発を行っていく上では、その方法に委ねるのでは有効とは言い難い。いや、誤解を避けるためにも、不可能と断言すべきだろう。バリューズを浸透させるためには、暗黙の了解ではなくきちんとしたプロセスに則って進め、かつ、言葉を尽くして取り組む必要がある。我々は、以下の5つのステップが効果的だと考えている（図表4-3も参照いただきたい）。

①見える化する
②引き出す
③結びつける
④活かす
⑤測る

それでは次項以降、各ステップを順に具体的に見ていきたいと思う。

> ✓ **まとめ**
> グローバル組織のバリューズ浸透には、①見える化する、②引き出す、③結びつける、④活かす、⑤測るの5つのステップに従いながら、言語によるコミュニケーションを徹底しなければならない。

4・7　バリューズ浸透ステップ①　見える化する

MITの名誉教授であり「キャリア・アンカー」や「キャリア・サバイバル」という診断ツールを開発したことで有名なエドガー・シャイン氏によると、企業バリューズは組織文化の中に「暗黙の仮定」「標榜されている価値観」「目に見える組織構造および手順」の3つの要素として存在しているという。

それぞれの要素について説明を加えておく。

1つめの「暗黙の仮定」とは、どこかに明文化されているわけではないが、その組織に属する人々が当然の前提として持っているものだ。

2つめの「標榜されている価値観」とは、文字通り、バリューズが明文化されたものだ。社内外の人の目に触れるように壁に貼られたポスターなどに、その組織のバリューズが表現されたものを目にしたことがある人も多いだろう。

そして、3つめの「目に見える組織構造および手順」とは、バリューズが組織の構造や制度等に表出したものである。組織図をながめてみると、その企業の価値観がわかることも多い。朝礼や全社会議、社員旅行などの定期的な行事、カジュアルフライデーなどの服装規定、重役室のあり方やオフィスレ

図表4-4 花王ウェイ

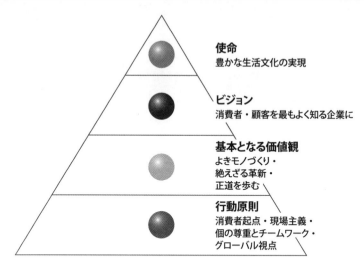

(出所) 花王グループウェブサイトより

イアウトなどには、たとえ「標榜されている価値観」が明文化されておらず「暗黙の前提」しか存在していない組織であっても、十分にバリューズが表出されているものだ。

「見える化する」とは、この「暗黙の仮定」として目に見えないがすでに存在している価値観、および「目に見える組織構造および手順」に表出された価値観を、「標榜されている価値観」として言語化することだ。ただし、言語化する際、あくまでも「標榜されている価値観」を表現しなければならない。つまり、"現在の"企業バリューズの要素のみならず、"失われつつあるが失ってはならない"あるいは"戦略を遂行するにあたってこうありたい"といった要素を加えることが求められる。

ここで、組織のグローバル展開に際してバリューズの「見える化」を行った具体的事例として、花王を取り上げたい。

花王では、創業以来、消費者を起点にした「よきモノづくり」を通じて「人々の豊かな生活文化の実現に貢献」するという創業者の想いが、社員に暗

黙知としてしっかり浸透していた。しかし、グローバル展開にあたり、暗黙知のままでは海外現地社員に想いをしっかりと伝えられないことを危惧するようになった。そこで、「花王ウェイ」を策定した際、ミッション（使命）、ビジョン（将来像）とあわせて、バリューズ（価値観）、そして行動原則も明文化した（花王における使命、ビジョン、基本となる価値観、行動原則の位置づけは図表4-4を参照）。

現在、花王ではバリューズを、マニュアルや規則のようなものではなく、各人の仕事の意義や課題を確認するためのよりどころと位置づけて共有している。

> ✓ **まとめ**
> バリューズは、組織文化の中に「暗黙の仮定」「標榜されている価値観」「目に見える組織構造および手順」の3つの要素として存在している。ステップ①ではそれを見える化する。

4・8 バリューズ浸透ステップ② 引き出す

企業バリューズを「見える化」した後は、社員の1人ひとりが大事にしている個人の価値観を「引き出す」。

企業バリューズを浸透させる過程において、上層部から押しつけることは決して望ましくない。なぜなら、バリューズは、押しつけても浸透するものではないからだ。人間は誰しも各々の価値観をもともと持っている。もともと持っている価値観を引き出してみると、言葉や表現は違えども、そのうちいくつかが自身が働く組織のバリューズに合致していることを自ら認識して、再度自身の心の中にしまう。そうやって浸透は行われるものだ。「この価値観

を持て」と言ったところで持てるものではないし、一方的に無理にバリューズを押しつけてしまえば、心理的な抵抗を生むだけだ。

　特に日本企業の海外現地拠点においては、「自分はこの組織の一員として大事にされ、受け入れられている」という意識を現地人材に持ってもらえていないことが少なくない。そこで、個人を尊重するというメッセージを送ることにもなるため、まずは彼らが個人として持っている価値観を「引き出す」ことがとても重要だ。引き出された個人の価値観に、企業バリューズを沿わせていくという順番だ。先に個人の価値観が引き出されていなければ、どれほど企業バリューズの重要性を説かれたところで、あるいは企業バリューズを共有されたところで、真剣には受け取ってもらえない。むしろ冷めた目で否定的に受け取られてしまう可能性すらある。

　それでは、個人の価値観はどのようにして引き出せばよいのだろうか。

　ワークショップの具体的な進め方を紹介しよう。我々はまず、場づくりから始める。個人の価値観を引き出しやすい「場」とは、あるいは引き出しにくい「場」とはどういう場か。

　たとえばマレーシアでは、階級意識が高いため、部下は、上司の前では上司の価値観に合わせて自分の価値観を表現する傾向がある。このような場合は、同じ階層同士のメンバーたちとの対話の場や1対1の対話の場などをつくって、本音で話しやすくするといった工夫が必要となる。

　場づくりにおいては、個人バリューズについて考えやすくなるような指示の出し方も鍵だ。

　タイでは、家族の一員である自分を重視するため、家族が大事にしている考え方を個人の価値観とする人も多い。このような国では、「あなたの価値観（your values）は何か」という表現ではなく「あなた自身の価値観（あなた自身が大切にしていること）（your personal values）は何か」などといった表現の工夫が求められる。「あなたの」という表現だけだと、どうしても意識の中で「家族」が顔をのぞかせてしまうからだ。

　ワークショップの中では、バリューズカード（さまざまな価値観を表すキーワードが書かれたカード）などを用いて、自分の価値観に合ったカードをランクづけしたり、選んでもらうことにより、個人の価値観を明確にする方法もあ

る。グローバルな環境下で工夫すべき点としては、個人主義的傾向の高い文化のメンバーがいる場合は、空白（ブランク）のカードを準備し、自ら価値観を書き込むことのできる自由度を持たせるといったことも考えられる。

　心の扉を開け、個人の価値観を引き出すためには、Cの複雑性を考慮しなければならないが、かといって個人のバリューズを、その国の文化のステレオタイプで決めつけないという配慮も必要だ。

　海外人材の個人バリューズを引き出すことはなかなか一筋縄ではいかない作業だが、上記を参考にしてぜひ取り組んでみてほしい。

まとめ

　企業バリューズを個人に押しつけても決して浸透しない。ステップ②において個人の価値観をきちんと引き出したい。Cの複雑性を考慮しながら、個々人にあった方法で行うべきである。

4・9　バリューズ浸透ステップ③　結びつける

　3つめのステップの「結びつける」とは、ステップ①で明文化した企業バリューズと、ステップ②で引き出した個人の価値観の重なりを見つけ出し、関連性を確認するということだ。

　個人の価値観と企業バリューズの重なりが見えてくると、社員は企業バリューズを本質的に自分のものとして捉え、自身の価値観と同様に大事にするようになる。

　もちろん、そのためには各人が企業バリューズの本質をしっかりと理解し、なおかつ自分とのつながりを自己認識できるような工夫が必要となる。それ

ができてこそ、各人は個人バリューズとつながった企業バリューズを大切なものとして自分の中にしまうことができるようになるのだ。

　企業バリューズと個人の価値観を結びつけるにあたっては、まず現地の人材に企業バリューズを伝える必要がある。企業バリューズはグローバルで統一するべきだが、現地人材が理解しやすいように、事例などを付け加えるといった工夫が功を奏する場合もある。現地人材にとって身近な事例をつくることで、企業バリューズと個人の価値観とを結びつけやすくなるのだ。一方で、グローバルに共通の理解・解釈を実現するためには、日本企業や日本文化を事例として挙げるのは望ましいことではない。

　たとえば、ある日系メーカーでは「モノづくり」という企業バリューズについて、創業者の活動・言動や企業の歴史と紐づけてコンセプトで語るのではなく、「モノづくり」の本質的な意味への理解が深まるような方法をとった。「細かい部分に着目する」「高品質」「職人技」「クラフトマンシップ」などといった習慣や倫理について「モノづくり」をテーマに対話した後、いかに自分たちがその国に貢献しているかを、「安全性」や「カスタマーロイヤリティ」などの、従業員に身近に感じられる価値観と紐づけて語らせる。つまり、1人ひとりの社員にとって「モノづくり」がどのような恩恵をもたらすかという対話を通じて、個人の価値観と企業のバリューズを結びつけていったのである。

　引き出された個人の価値観は、企業バリューズと結びついた後、自然と再度自分の中にしまわれることになる。このプロセスを経ることで、企業バリューズは各人に真に理解され、腑に落ちるようになる。その意味でも、「ステップ②引き出す」と「ステップ③結びつける」は、できれば時間を置かずに連続して行うことが望ましい。

　バリューズによる経営は、ジョンソン・エンド・ジョンソンのクレドが有名にした。クレドには、リーダーが守るべきバリューズがまとめられている。クレドは一風変わった表現をとっている。たとえば、「我々は良き市民として、有益な社会事業および福祉に貢献し、適切な租税を負担しなければならない」「我々が使用する施設を常に良好な状態に保ち、環境と資源の保護に努めなければならない」などである。一般的なきれいな言葉で語られたものとは一線を画している。

クレドの表現は、一見すると時代遅れのようにも感じるが、長い期間にわたり、組織の中で機能している。これは、各階層のリーダーたちが、クレドに基づいて行動し続けているからにほかならない。クレドを理解するだけにとどまらず、日々の行動レベルまでバリューズを体現することに1人ひとりが挑戦し続けてきた結果である。

ジョンソン・エンド・ジョンソンをはじめ、グローバルでの企業バリューズ浸透がうまくいっている企業では、トップ自らが時間を割いて、リーダーシップ教育を行っている。その中でトップは、報酬や処遇など管理の仕組みを伝えているのではなく、リーダーが、企業バリューズに基づいて仕事をすること、決断することを徹底させている。

まとめ
ステップ③では、個人の価値観と企業バリューズとを結びつける。各人が自身の理解で重なりを見つけて関連性を認識し、本人が自らの心にしまうという、あくまでも個人の内面的なプロセスだ。

4・10 情緒的理解で顕著となるCSPの複雑性への対処

「③結びつける」においては、もう1つ気をつけなければならないことがある。「個人の価値観と企業バリューズを結びつける」というのは、決して「イコール」にするわけではないということだ。それをしてしまえば、企業のために自分を犠牲にしてしまうということが起きかねない。

そもそも、個人の価値観も企業バリューズも複数あることが普通である。そのすべてが重なっている必要はまったくない。むしろ、一部重なっていない

図表4-5　個人の価値観と企業バリューズの重なり

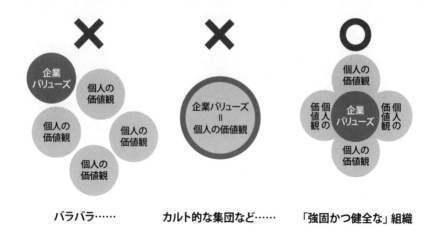

部分があるほうが、新たな視点や多様性をもたらすという意味で、企業にとってメリットがある。それぞれの個人の価値観を認めつつ、企業のバリューズとつながりを持たせることによって、企業は個人の価値観からのプラスアルファを得られるようになり、結果として企業は「強固かつ健全な組織」になっていくのだ（図表4-5参照）。

「③結びつける」というステップにおいては、CSPの複雑性についてさらなる配慮が必要である。それぞれについて見ておこう。

C（文化的要因）の複雑性については、さまざまなバックグラウンド、異なる文化を持つ社員に、自分も組織の一員であると思ってもらえるよう、企業バリューズの定義や具体的な事例の表現を工夫しなければならない。

たとえば、「成長」という企業バリューズをスウェーデン人に伝えるときとインドネシア人に伝えるときでは伝え方が異なる。自己実現欲求が強いスウェーデン人に対しては「自己実現」と結びつけることが有効だが、生活水準の向上を求めるインドネシア人に対しては「生活の豊かさ」と結びつけることで、企業バリューズへの納得感をより高めることができるようになる。

S（制度的要因）の複雑性については、たとえば、階級意識の強い国では階

層ごとにバリューズ浸透を行っていくという配慮が必要になる。

　具体的には、組織のトップ（CEOや社長）からバリューズ浸透を始め、各層のリーダーを巻き込みながら進めていく。ただしその際は、トップやリーダーが社員1人ひとりとのコミュニケーションを通して、各個人の価値観と企業バリューズを結びつけなければならないので、片手間ではなくそれ相応の時間やリソースを費やすことが求められる。

　P（物理的要因）の複雑性については、外国や遠隔地にいる人たちに、企業バリューズと個人の価値観がつながっていることをいかに実感させるかがポイントになる。そのためには、イントラネットやオンラインディスカッションなどの仕組みを活用し、リーダーとメンバーとの間で組織バリューズについてコミュニケーションを行うという方法がある。

　たとえば、IBMのCEOを務めたサミュエル・パルミサーノ氏は、IBM "Values Jam"と名づけたオンラインディスカッションの仕組みを活用し、世界各国のIBM社員とバリューズに関するコミュニケーションをとり、社員のエンゲージメントを高めることに成功した。

　また彼は、リーダーに対して、映像を活用してメンバーに企業バリューズを伝えることを奨励した。さらに、イントラネット上で、社員自らがバリューズを体現した事例を共有したり、個々人にとってのバリューズを映像で紹介できる場をつくった。あるいは、現地顧客や現地の社員に対して自分たちの企業バリューズがいかに影響を及ぼしているかの共有も行っている。

　各国の社員が組織のリーダーと、経営理念や企業バリューズについて行う討議をインターネットで生放送したり、ビデオ会議システムを活用して、お互いのデスクトップを共有したり、チャット機能を活用して、討議の見える化も行った。これにより、各国社員の英語のアクセントの違い等による「伝わりにくさ」を解消することもできたという。

> ✓ まとめ
> ステップ③では、個人の価値観と企業バリューズとを結びつける。結びつけは、決してこの２つをイコールにすることではない。また、CSPの複雑性への配慮が重要になる。

4・11　バリューズ浸透ステップ④　活かす

　企業バリューズは、一度伝えて個人の価値観と結びつけたからといって、その後も浸透し続けるというものではない。日々の業務と結びつけ、繰り返し考えたり、使ったりする機会を継続することによって浸透度は高まっていく。

　そのためには、バリューズを考えたり、実際に使ったりするような機会や仕組みを意識的につくる必要がある。

　たとえば、評価制度に組み込むというのは1つの効果的な方法だ。組織としての仕組み化ができれば、全社員に同時にバリューズを浸透させられると同時に、組織としてもバリューズにかなった行動を自律的にとれる人材を増やすことができる。

　「活かす」ためのグローバルでの仕組みづくりを考える上では、CSPの複雑性のうち、CとSの複雑性に対処することが求められる。

　具体的には、以下のことを考えなければならない。

・Cの複雑性：日本本社で当たり前のように共有・実践している企業バリューズを、異文化の相手にどのように適切、かつ意味あるものとして共有・実践し続けてもらうか。

・Sの複雑性：日本本社と現地企業との間で、制度や業務プロセスが異なる場合に、どのようにして企業バリューズを経験してもらうか。

そのためには、まず、個人の価値観や企業バリューズについて討議、確認する場が不可欠だ。そしてこの場で、企業バリューズに即した行動例を認識してもらうようにする。

事前準備としては、企業バリューズに基づいて行動し、高い成果を上げている社員を詳細に分析し、具体的な行動を抽出することから始める。その行動が企業ブランドづくりや顧客との信頼関係構築とどのような関連性があるかを企業バリューズと絡めて示していくことで、海外拠点の社員に対してもより説得力をもたせられるようになるのだ。

また、企業バリューズに基づいたタレント・マネジメント（採用、配置、育成、評価、処遇）を実践していくことも重要だ（3・15参照）。言葉だけではなく、評価や処遇に盛り込まれることで、社員に対する説得力も増す。

企業バリューズを面接の際の判断基準の重要な要素の1つにしてもよい。組織にふさわしい人材を採用できれば、その後のバリューズ浸透を効率的に行えるようになる。

たとえば、ディズニーランドなどを運営するオリエンタルランドでは、世界のディズニーリゾート共通の行動基準"SCSE"の浸透と主体的な実践によって、非常にレベルの高い顧客満足度を継続的に達成している。"SCSE"とは、"Safety（安全）"、"Courtesy（礼儀正しさ）"、"Show（ショー）"、"Efficiency（効率）"の頭文字を組み合わせたもので、優先順位の高い順に並んでいる。

ここで注目すべきは、ビジネス活動において優先的に求められがちな「効率」が4つの行動基準の最後に来ているということだ。「安全」「礼儀正しさ」が「効率」より上位にあることで、働く人々は自分たちがどの方向を見て仕事をするべきかが理解できる。

さらに言えば、ディズニーリゾートには"SCSE"以外の接客マニュアルは存在しないと聞く。世界のどの地域であっても、社長から非正規社員までのすべての人が、この行動基準にのみ則って行動している。結果として、マ

ニュアルを超えたその人らしさが感じられる主体的で柔軟な対応ができるようになり、顧客に最大限の幸福感を提供することに成功している。そして、その成功体験が個人および組織にフィードバックされることで、サービスのさらなる洗練、より魅力的な人材育成につながるという好循環が生まれているのだ。まさに各人が自由かつ主体的になれる「バリューズによる統制」の好例と言える。

> ✓ **まとめ**
>
> ステップ④では、バリューズを日々の業務と結びつけ、繰り返し考えたり使ったりする機会を継続する。そのなかで個々人が主体的に企業バリューズを深く理解し、それに則った業務遂行が可能になる。

4・12　バリューズ浸透ステップ⑤　測る

　ステップ④でも述べた通り、バリューズ浸透の作業に終わりはない。これは企業活動に終わりがないのと同義であり、すなわちそれだけバリューズは企業にとって重要なものであるということを意味している。

　そもそも、バリューズ浸透を100％達成し、それを維持し続けることは困難だ。バリューズ浸透とは、100％に限りなく近づくための努力を続けるという半永久的な作業なのだ。

　だからこそ、バリューズ浸透の現在地を知る意味で、定期的な「測る」作業は欠かせない。そして、さまざまな側面から測ることで、より正確な現在地を知ることができるようになる。

　具体的には「企業バリューズの1つひとつの定義が理解されているか」「自

分自身の価値観と紐づいているか」といったバリューズそのものに関する初歩的なものから、リーダーがどのようにバリューズを体現しているか、バリューズがチームの行動規範や採用の基準として用いられているか、パフォーマンス（業績）との関連、戦略や環境と照らし合わせて妥当かどうかなど、多面的に測ることが求められる。

　そして、グローバル組織開発においてそれを行う上では、CSPの複雑性を考慮しなければならない。なかでもC（文化的要因）とS（制度的要因）の複雑性については、アプローチを間違ってしまうと適切な「測る」ができなくなってしまうので注意が必要だ。

　C（文化的要因）の複雑性については、日本の高コンテクスト文化に特別な注意が必要だ。

　調和のとれた関係と権威を重んじることに価値を見出す高コンテクストの階層的文化では、バリューズの浸透度を測ることで、それまで覆い隠されていたチームや組織の厄介な問題や弱点が表面化する可能性がある。同時に、このような傾向にある文化（環境）にいる人は、バリューズを測ることで、チーム内に争いが生じたり、対人関係に支障をきたしたりするのではないかと憂慮することがある。

　こうした混乱は、バリューズ測定のプロセスが「匿名性が保たれる客観的な測定」であることと、何を、なぜ、どのようにして測定するのかを明確に説明しておくことで回避できる。バリューズ浸透測定は公正に行われ、現在うまくいっていることや問題点を収集して、改善に結びつけることが主目的であることをまず説明しておくのだ。匿名での回答はもちろんのこと、インタビューなどを行う場合も、中立な立場の外部コンサルタントといった第三者に依頼することなどの下地をつくっておくことで、高コンテクストな文化背景の社員も、安心して回答できるようになる。

　次にS（制度的要因）の複雑性においては、本社対現地組織という制度的障害に注意を払う必要がある。

　バリューズ浸透測定は、「ビジネスには必要のないお役所仕事的なもの」で、「本社からのトップダウンで海外拠点に強いるもの」というように捉えられることがままある。そのため海外拠点では、測定プロセスを自分たちの設定

ゴールを実現するための優先事項ではないと考える傾向にある。これを回避するためには、測定方法を海外拠点で決めてもらうというのが非常に有効だ。そうすれば現地組織は、バリューズ測定が自分たちにとってメリットがあり、価値があるものだと考えやすくなる。現地組織のトップを早い段階から本社の意思決定会議にも参加させ、現地から上がってくる懸念や意見を最終の測定アプローチにも反映させることにより、当事者意識を植えつけるとよい。

> ✓ **まとめ**
> ステップ⑤では、バリューズの浸透度を、理解・共感・体現の点から定期的に測る。CPSの複雑性に配慮し、バリューズ測定には公正を期し、客観性の高い方法で行う。

4・13 バリューズのグローバル浸透で日本企業が陥りやすい落とし穴

さて、ここでは、バリューズのグローバル浸透において、日本企業が陥りやすい落とし穴を確認し、それをうまく回避している企業の例をいくつか紹介していきたい。

バリューズの浸透度を測るには3つの次元があると言われている。

① 「認知的理解（私はこの内容をよく知っている）」
② 「情緒的共感（この内容に私は共感できる）」
③ 「行動的関与（私はそれにしたがって仕事をしている）」

（出所：高尾義明・王英燕『経営理念の浸透──アイデンティティ・プロセスからの実証分析』有斐閣、2012年）

我々が観察する限り、グローバルでのバリューズ浸透において、多くの日本企業が陥っている落とし穴の主たるものは、次のようなものだ。上述した浸透度を測る3つの次元ごとに分けてみると、以下のようになる。

①「認知的理解（私はこの内容をよく知っている）」の段階での落とし穴：バリューズを表す言葉が不明確で、意味や意図が伝わらない（十分な理解を醸成できていない）。
②「情緒的共感（この内容に私は共感できる）」の段階での落とし穴："自社"のバリューズの浸透を図っているつもりが、いつの間にか"日本人"の価値観を浸透させることにすり替わっている（十分に共感を得られていない）。
③「行動的関与（私はそれにしたがって仕事をしている）」の段階での落とし穴：浸透の仕方が表面的で、バリューズ体現への動機づけができていない（十分に行動につなげられていない）。

　次項以降で、それぞれの状況と対策について、具体的に確認していこう。

> ✓ **まとめ**
> バリューズのグローバル浸透で、特に日本企業が陥っているのは、十分な理解を醸成できていない、十分に共感を得られていない、十分に行動につなげられていない、という落とし穴に集約できる。

4・14　日本語のままでも伝わるバリューズ

　この項では、先に挙げた①「認知的理解（私はこの内容をよく知っている）」

の段階での落とし穴について考える。

　自社のバリューズの意味をグローバルに伝えるために、多くの企業はまずは翻訳を試みる。しかし、それがうまく表現できず、かえって本来の意味が伝わらなくなっている企業は少なくない。

　私たちが支援したある企業でも、「自身を輝かせる」を"Make yourself shine"と直訳にとどまり、そのために東南アジアの現地社員には「身体を（物理的に）ピカピカ光らせる」と聞こえてしまっていた。よくよく真意を聞いてみると、「1人ひとりが自身の可能性を信じて挑戦し、持てるエネルギーを最大限発揮する」といった意味だということであり、表現を適切に変えなければ伝わらないとアドバイスしたことがあった。

　バリューズは、英語あるいは現地語に訳せばよいというものではない。翻訳すれば、現地の人にも伝わりやすいという考えはやめるべきだ。その証拠に、バリューズのグローバル浸透に成功している企業は、むしろ逆で、そのまま日本語を使っていることも多いのだ。

　花王の"Yoki-Monozukuri（よきモノづくり）"、コマツは"Dantotsu（ダントツ）"、サントリーは"Yatte Minahare（やってみなはれ）"、ブリヂストンは"Genbutsu-Genba（現物現場）"など、中心概念に日本語をそのまま残して浸透を図っている企業の例は枚挙に暇がない。

　「日本語を使っているのに」浸透している、と言うより、「日本語を使っているからこそ」浸透しているとさえ言えよう。日本語で表現することで、定義や意味とともに、その言葉が生まれた背景などを丁寧に伝える必要が生まれる。

　一方、安易に英訳や現地語訳をしてしまうと、実は現地で伝わる効果が半減するというケースを多く見てきた。また、日本は高コンテクスト文化であることを繰り返し述べてきたが、高コンテクストであるがゆえに、短い言葉の背景に意味や想いやニュアンスがぎっしりと詰まっているということも、日本語のままの方が浸透する理由として挙げることができるだろう。

　ただし、だからといって英訳や現地語訳を頭から否定しているわけでは、もちろんない。翻訳の過程で意味を十分に咀嚼することにトライすることには大いに価値がある。たとえばブリヂストンの"Genbutsu-Genba（現物現場）"は、"Decision-Making Based on Verified, On-Site Observation"と補足されてい

る。現場重視という意味だけではなく、現場での観察と検証を意思決定に活かすという考え方がよく織り込まれている。

　魂は、つくるプロセス、伝えるプロセスにこそ宿っているということだ。ちなみに、ブリヂストンを例にとると、創業以来変わらずあった理念を元に、表現を練り込むのに実に6年かかったと聞く。できた4つのバリューズ（ブリヂストンでは、心構え＝ファウンデーションと呼んでいる）は、"現物現場"をはじめとしてすべて四字熟語というのが面白い（他の3つは「誠実協調」「進取独創」「熟慮断行」）。そして何より、それを日本人が主導したわけではないというのだから、さらに面白い。

　また花王についても、日本語の"Yoki-Monozukuri（よきモノづくり）"を残した代わりに、日々のビジネスにおける1つひとつの行動や判断において迷いが出ないよう、バリューズに加えて、行動原則やそれに伴う具体的エピソードを用意している。

まとめ

　バリューズのグローバル浸透において認知的理解を促すためには、語義の翻訳のみではその真意は伝わらない。バリューズが持つ真意を徹底的に議論し咀嚼できていれば、あえて日本語のままにするというのも1つの手段である。

4・15　企業の一貫した姿勢が情緒的理解を生み出す

　次に、バリューズの②「情緒的共感（この内容に私は共感できる）」について、その陥りやすい間違いと、それに対する解決について考えてみよう。

前項では、バリューズの表現に日本語を使っている例を紹介した。しかし、「日本ではこうだから」という説明は、バリューズ浸透にはまったくもって不適切だ。大方の海外の社員は、日本人のようになりたいとは思ってはいない。「我が社ではこういう価値観を大切にしたい」という言い方を貫かないと、絶対に受け入れられない。

　ある日系製薬会社での出来事だ。アメリカで働く外国人社員へのバリューズ浸透ワークショップで緊張が走った場面があった。国の文化の違いや企業文化について話し合っていた際、1人の日本人社員が同僚のアメリカ人に、どうしたらより効果的にこの会社で働けるかと、建設的なアドバイスのつもりで、熱弁をふるった。その日本人の言い回しは、「日本人の私たちが思うに……」「日本では……しなければならない」「うちは日本の会社だから……そしてあなた方は……」といったものだった。すると、部屋の中にいるアメリカ人社員の顔が次第に曇っていった。そして、そのうちの1人がたまらずといった感じで、"we" の中に私たちアメリカ人も含めてもらえますか」と言った。日本人社員にとっては建設的なアドバイスのつもりでも、彼らにはそう聞こえなかったのだ。そのアメリカ人は「私たちもみな同じ会社で働いているんだ」「私は日本人ではないし、日本人にもなれない」とも告げた。

　「日本人の私たちが思うに……」といった表現は、相手の理解を促そうとして、ついつい口にしてしまう常套句のようなものかもしれない。しかし、本人にそのつもりはなくても、日本人でない人にとっては疎外感を与えるものでしかない。「これが日本の考え方だ」ではなく、「これが我が社の考え方だ」としなければ、浸透活動は効果がないどころか、やればやるほどむしろマイナスになる。

　残念ながら、今日のグローバル市場において日本企業は必ずしも就職先として人気があるわけではない。しかし、伝え方さえ間違えなければ、多くの日本企業に勤める現地社員は、「我が社はこのような考え方を大切にしているのを知ってうれしい」と誇りに思うはずだ。日本企業に勤めている現地の人々にこそ、自社で働く誇りが日本人以上に必要となるのだ。

> **まとめ**
> グローバル組織におけるバリューズ浸透の際、日本企業が「日本」「日本人」を主語に発想することで、情緒的に強い拒否感を生んでしまうことを理解すべきである。主体となるべきは「我が社」であることを徹底したい。

4・16 バリューズの自問自答が行動的関与を喚起する

この項では、4・13で紹介したバリューズ浸透度を測る3つのポイントの最後、③「行動的関与（私はそれにしたがって仕事をしている）」の段階での落とし穴について述べる。

バリューズの浸透行動を一生懸命にやってはいるものの、なかなか各人が体現するに至らないという話をよく耳にする。オフサイトミーティングや対話会を行ったり、バリューズをカードにして配布したりしても、最初は目新しさがあるがそのうち陳腐化して、浸透活動も尻すぼみになるという。

そうなってしまう理由はいくつか考えられるが、浸透が進まない企業に共通しているのは、各人をバリューズに向き合わせる取り組みの欠如だ。グローバル環境下では、国内での浸透活動にも増して、バリューズに向き合い、積極的に関与させるための仕掛けが必要だ。

経営陣自身に問われるのも、この点だ。自ら時間と労力をかけて訪問回数を重ねる、といったことにとどまらず、日常の至るところで経営者自身がバリューズを伝えているか、体現しているかということが問題なのだ。

以前、グローバルに事業展開する会社で、経営陣から子会社のトップが注意を受ける場に居合わせたことがあった。子会社のトップが、「史上最高の収

益を達成した、みなよく頑張った！」というスピーチをした直後、スピーチを聞いていた経営陣に呼ばれた。その注意とは、「スピーチでなぜバリューズの話をし、業績達成と結びつけなかったのか。バリューズの重要性を深く浸透させる、せっかくの絶好のチャンスを逃したではないか」というものだった。この言葉からは、その経営陣が常日頃からバリューズを意識し、それを浸透させるための機会をうかがっていることもよくわかるし、バリューズ浸透にかける本気が伝わってくる。その企業では、このエピソード自体が語り草になって、バリューズ浸透の重要性の理解促進に一役買っている。

また、バリューズに向き合わせるために、自問自答をいかに促すかも浸透活動の肝となる。グローバルに事業を展開する消費財メーカーでは、「インテグリティ（誠実さ）」をバリューズの1つに掲げているが、「袖の下が日常化している新興国で、災害が起こった。寄付する商品を国民に届けるための税関職員への賄賂をどのように考えるべきか。それはバリューズとどのように関係するか」といったことを徹底的に考えさせている。決して正解があるのではなく、そこで悩み葛藤すること自体に意味があるのだ。

> ✓ **まとめ**
>
> グローバル組織におけるバリューズ浸透を行動的関与にまで進めるには、経営者みずから率先して行動し、姿勢として示し続けなければならない。全社員のすべての業務に対しバリューズとの整合性を問い続ける態度が必要だ。

4・17 まとめ：バリューズのグローバル浸透の効果的な方法を探り続けよう

　この章では、バリューズそのものの意味合いを紐解き、グローバルでのバリューズ浸透の重要性を確認してきた。グローバルに拡がった組織で、多様性を尊重しながら求心力を持たせ、組織として一体となって活動を行っていくためには、バリューズの存在と浸透は欠かせない要素だ。

　さらに、グローバルにバリューズを浸透させる際のステップを詳細に紹介してきた。そのステップは、①見える化する、②引き出す、③結びつける、④活かす、⑤測る、の5ステップだ。

　そして、バリューズのグローバル浸透で日本企業が陥りやすい落とし穴を見てきた。落とし穴をうまく回避している日本企業の事例も共有した。

　落とし穴の1つは、企業バリューズの浸透を図っているつもりが、いつの間にか日本や日本人の価値観にすり替わってしまっていることがあることだ。日本人にとって当たり前のことであるがゆえに日本人には気づかないことも多く、また、日本人の価値観の押しつけと受け取られて逆効果になりかねないので気をつける必要がある。

　あるいは、浸透を図るために、日本語のバリューズを英語や現地の言葉に訳す際に苦労している企業も少なくない。むしろ日本語のまま浸透を図ることで、かえって効果的なコミュニケーションの場になっていたり、その意味を社員が深く考える機会になったりしている企業だってある。

　要は、いかにバリューズが意図する内容が、グローバル組織で働く1人ひとりの心のうちに入っているかだ。そのためという一点に目的を絞って考えれば、方法ややり方には、創意工夫のしようがいくらでもある。

　日本企業でもその多くが、トップによるグローバル行脚など、バリューズの浸透には力を入れて取り組むようになっているが、試行錯誤を繰り返していて、まだ確立されたやり方に行き着いていないという企業がほとんどのようだ。ここで紹介した論点や事例を参考にして、バリューズ浸透をどのよう

に進めるべきかを社内で議論してみたらいかがだろうか。その議論をグローバルに行うことで、バリューズ自体への関心を高め、また、皆がバリューズをたぐり寄せて考えるという浸透のステップに自然に導くということもできるはずだ。

> ✓ **まとめ**
> 　バリューズの浸透は、1回やれば終わりということでもないし、一過性のプロセスでもない。組織開発の実践者は、バリューズのグローバル浸透の効果的な方法を探り続けよう。

第5章 グローバル「チェンジ」を推進する

5・1 グローバル・チェンジとは

　本章では「チェンジ」(変革)がテーマだ。
　前章までは、グローバルでの組織開発における「チームづくり」「ダイバーシティ推進」「バリューズ浸透」と個別具体的なテーマについて論じてきた。
　「チェンジ」はこれらの要素とも深く結びついている。なぜなら、それぞれのテーマは、実現に向けて皆「変革」のプロセスを伴っているからだ。そのプロセスにおいては、グローバルな環境下での取り組みに共通の難しさと課題を抱えている。そこで本章では、それらを踏まえた上で、グローバル・チェンジ(変革をグローバルに進めること)の推進にあたってのマネジメントの難しさ、およびその対処方法について考察していきたい。
　ところで、皆さんは、「グローバル・チェンジ」と聞いてどのようなことを思い浮かべるだろうか。
　たとえば、その1つに人事制度の変革があるだろう。各国でバラバラな人事制度を、グローバルでの人事異動を容易にするように全世界的に統一する

ということなどだ。

　あるいは、情報システムの変革を思い浮かべる人もいるかもしれない。ユーザービリティを向上させるために、使用するマシンを全世界で切り替えるといった類のことだ。

　また、組織構造を変革したいという思いを抱いている人もいるだろう。顧客満足度を上げるために、地域担当制から各主製品担当制に、営業担当の組織体制を変えていくにはどのように変革していったらいいのか、と思い悩んでいる人もいるかもしれない。

　いずれにしても、企業活動を前に進めようとする限り、変革は避けて通れない道だ。それどころか、変革自体が今後の企業活動の成否の鍵を握るといっても過言ではない。グローバル規模での企業活動がますます広がりを見せるなか、グローバル・チェンジを成功させることの重要性はいくら強調しても足りない。

　しかし、グローバル・チェンジを進める際、その関心や議論の多くが、制度・システム・組織構造など、いわゆる「ハード」面に注がれることに、私たちは忸怩たる思いを抱くことが少なくない。国内での変革を改めて想起すればわかる通り、変革においてはハード面の変革そのもの以上に、それに伴う人々の意識変革や組織の風土改革など「ソフト」面の変革こそが難しく、また肝要となる。さらにCSPの複雑性（図表1-3）を考えれば、グローバル規模での変革の難易度が飛躍的に高くなることは容易に察することができる。

　本章を読み進めるにあたっては、まず「ハード」のチェンジを進めるだけではせっかくの施策が十分な運用に至らないことが多く、成功は難しいということを認識してほしい。変革においては人間的な側面に配慮することこそが成功の鍵を握るのだ。そのためには、どのようにしてグローバル・チェンジを進めるべきなのか、どのようにして運用や実行にあたるべきなのかを考えていきたいと思う。

> **まとめ**
> あるべき姿に進めるには、どの組織開発にも「変革」というプロセスが必要だ。グローバル・チェンジとは、変革をグローバルに進めることだが、その難しさはソフト面の変革にこそある。

5・2 グローバルでのソフト面の変革の難しさ

　変革を進めようとする際、制度・システム・組織構造などの「ハード面」に関心や議論が注がれることが多いことを述べた。一方で、変革を成功させるには、ハード面の変革そのもの以上に、「ソフト面」の変革こそが難しく、肝要であることも確認した。

　さらに、変革の進め方においても、ソフト面、すなわち、個々人の論理面や感情面および政治面への配慮が求められるようになっている。なぜなら、論理的な納得と、感情的な共感、および政治面での合意が得られないまま変革を推し進めてしまうと、往々にして現場の社員の抵抗が大きくなってしまうからだ。逆に言えば、変革への抵抗の理由は、論理面か感情面か政治面に集約できる。いずれにしても、ソフトの側面だ。

　とりわけ、変革の妨げになる大きな要因として、組織の意図するところと個人の理解とにギャップがある点が挙げられる。現場の社員にとっては、組織が追求する全体メリットは目に見えにくいため、目の前のデメリット（やりにくさ）の解消が優先されてしまうのだ。

　加えて、変革をグローバルレベルで行おうとすれば、さらにソフト面で難しさが増す。組織と個人のギャップは、さらに「本社組織と現地組織および個人の間のギャップ」という課題になる。

また、「グローバルでの全体統一とローカルでの現地適合のバランシング」という課題も生じるのだ。さらに、これらについては後に詳しく述べるが、グローバル・チェンジにおいては、これらのソフト面における落とし穴に留意して、変革推進プロセスをデザインする必要がある。

> ✓ **まとめ**
> ソフトの変革が難しいのは、組織と個人それぞれにギャップが生じるからだ。グローバルではそのギャップはさらに大きくなるために、この点に留意して変革推進のプログラムをデザインしなければならない。

5・3 グローバル・チェンジの失敗

ここからは、実際に我々が目にしたグローバル・チェンジの事例を紐解きながら、その難しさを見ていきたいと思う。この事例はグローバル・チェンジの典型的な失敗例であるが、読者には、変革プロセスの何が悪かったのかを考えてみてほしい。

取り上げるのは、おそらく多くの日本企業が現在、頭を悩ませているであろう人事部門の変革事例だ。本来はグローバル化推進を先導しなければならないはずの人事担当部門だが、実はそのグローバル化がかなり遅れているという日本企業は実際少なくない。

日本の大手メーカーX社もそうした企業の1つだった。多角的に展開していた各事業のグローバル化は進んだものの、その変化に本社が追いついていないという状況だった。具体的には、海外事業の管理ができておらず、情報提供やサポートも十分でないという声が事業部から相次いで出ていた。そのよ

うな折、社長が交代した。新しい社長はこの状況を打破すべく、グローバル人材の流動化や育成の加速化を進めるよう指示、人事部門にも大きな改革が求められた。

そこで、まず人事部門が行ったのは、人事情報の集約データベースの構築だった。グローバル規模で集約された人事情報を活用し、世界中の人材の積極登用などが効果的にできることを目指した。統一システムを導入してグローバル人事情報を一括管理できるようにし、人事事務運営の効率化も期待された。

続いて人事部門が行ったのは、人事制度のグローバル統一だった。それまで海外事業子会社は事業部門の下部組織として設置されており、等級制度や評価制度などは子会社各社の人事がそれぞれ独自の施策をとっていた。人事部門はこれを統一することで、人材の流動化を容易にするとともに、業務の標準化によってシェアードサービス化なども進めやすくすることを狙った。

そしていよいよ、日本で固めた制度内容をグローバルに一斉展開する取り組みが始まった。

これまで各事業部には人事部門は存在せず、総務担当が人事も兼ねている事業部もあった。しかし、今後は全事業部にビジネスパートナー（BP：事業部人事）を設けることにし、本社の管理の下で人事施策が実行される体制を構えた。BPには、業務の効率化や標準化によって余裕が出る予定の本社人事部員があてがわれることになった。

X社は、これらの変革を、同業他社に先駆けた新たなチャレンジという自負をもってスタートさせた。ところが、変革は途中で迷走し頓挫してしまう。X社は変革のプランニングにつまずき、変革推進のマネジメントも機能させることができなかったのだ。

なぜ、X社が変革に失敗してしまったのだろうか。それはひと言でいえば、グローバル組織変革の難しさを踏まえられていなかったことが原因だった。

> **まとめ**
> 実際のグローバル・チェンジの典型的な失敗事例を見てみると、変革のプランニングにつまずき、変革推進のマネジメントも機能させることができないケースは多い。グローバル組織変革の難しさを踏まえることができていないことが原因だ。

5・4 全体統一と現地適合のバランス

　X社の変革が頓挫してしまった理由について、まずは変革のプランニング段階でのつまずきから検証してみたいと思う。
　変革において人事部門がまず着手したのは、グローバル統一の人事情報データベース（DB）の構築だった。しかし、ここで最初のつまずきがあった。各国子会社が、文化的理由により管理に注意が必要な情報の種類も、法的に要求される情報も、またそれらの情報の使われ方についても、国によって異なると主張してきたのだ。困り果てた本社人事部門は彼らの意見に大幅に譲歩してしまった。結果としてでき上がったDBは、情報内容の統一が不十分なまま、情報の集約を形だけ図るものとなってしまった。
　人事部門が各国子会社の意見に影響されてしまったのは、情報管理と、それを使った生産性向上のために情報をどこまでグローバルで標準化しなければならないかという議論が中途半端だったことが理由だった。せっかく集約された情報も、当初意図したようにグローバルに活用されることはなかった。
　一方、人事制度の方はグローバルで統一すること自体が目的とされた。しかし、統一人事制度の説明は予想以上に難航した。労働市場が異なるなかで、なぜ等級制度や評価制度を統一する必要があるのか、その理念や考え方を説

明できるだけの議論が不十分だったことに大きな問題があった。結局、グローバルでどこまで統一するか、逆に言えばどこからローカルの自由に任せるかという考え方を根本から見直さなければならなくなった。

　また、本社のある日本の常識をベースに構築したということも、統一制度への理解が得られない原因となった。たとえば、4月に新卒を一括採用するのは日本だけである。他にも扶養家族の考え方、社会保険のあり方などについても、日本に合わせるには無理があるということが次々と露呈することになった。

　ここまでを一度整理してみると、X社の変革のプランニングの段階でのつまずきは、グローバルでの全体統合と現地の状況への適応のバランス決めの難しさに由来していることがわかる。

　そもそも、グローバルか否かに限らず「全体統一と個別（現地）適合のバランス」は組織運営の肝の1つだと言っても過言ではない。確かに組織としてはさまざまなものを共通化・標準化し1つにした方が効率的だが、実際の業務では個別の国、社員、現場の状況に合わせる柔軟性が求められることが多いのだ。

　しかし、このバランスを見きわめ、適切な状態を維持していくのは容易なことではない。とりわけ、CSPの複雑性があるグローバル・チェンジにおいては、それがよりいっそう難しくなる。

　たとえばSの複雑性では、グローバル標準をつくって全世界的に同じ仕組みを導入することが合理的だということがわかっていても、国によって法制度や会計基準などが異なるので、現実的には統一することをあきらめざるを得ないことがままある。国内での変革に比してグローバル・チェンジが格段に難しくなるのは、このように、理屈通りにいかないことが増えるからだ。

　グローバル組織開発においては、「グローバルでの全体統一と現地適合のバランス取り」は決して避けて通れない命題だが、考えようによっては、これは大きなチャンスだ。「どこまでをグローバルで統一し、どの部分をローカルに任せるか」という問いかけ自体は、経営にとって大変に意味がある。それを明確にするということは、その企業の真の競争力の源泉を明らかにするよい機会であるからだ。

X社は、変革プランニング段階での議論が決定的に足りていなかった。企業の競争力の源泉となる人事機能とはどういうものかを明確に定められなかったのだ。

グローバル標準とは、絶対の自信がある経営や組織運営のやり方を反映したものである。逆に言えば、そうした絶対の自信を持てないうちのグローバル展開は、それだけで大きな失敗のリスクを抱えているのだ。

> ✓ **まとめ**
>
> 変革のプランニング段階では全体統一と個別（現地）適合のバランスに企業は苦労する。CSPの複雑性があるグローバル・チェンジにはさらなる困難があるが、そのことで競争力の源泉が明らかになり、効率化を進める側面もある。

5・5　本社組織と現地組織および個人の間のギャップ

次に、X社がうまく対処できなかった、変革の推進段階におけるマネジメントの難しさについて見てみたい。

この変革では、プランニング自体の難しさはさておき、日本の本社で固めた施策をグローバルで一斉展開するというやり方そのものも大きな不満を生んだ。

日本で施策を固めてしまったことで、現地をわかっていない本社が日本の考え方を押しつけてきた、と受け取られてしまったのだ。X社の本社人事部には各国・各事業部からのクレームや要求、問い合わせが殺到した。そして、その対応に忙殺されることにより、変革の本来の狙いはどこかに追いやられ

てしまった。

　こうした事態を招いた最大の原因は、施策を日本だけで固めてしまったことだ。それにより、この変革は海外子会社に"They（彼ら）"の変革と捉えられてしまった。

　変革を成功に導くために、"We（私たち）"の変革という認識を関係者全員に持ってもらうことは絶対的な条件になる。そして、そのためには、プランニングの段階で現地を巻き込んでいく必要がある。そうしなければ推進の段階での協力やコミットは生まれるはずもないのだ。

　また、新たに配置したBPも機能しなかった。本社で決定したことを各国・各事業部に徹底するというBPの役割自体は明確だった。しかし、単に本社人事部のメッセンジャーとなってしまい、現地では信頼を得られるどころか不信感さえ抱かれてしまったのだ。

　BPは、その後、事業視点でニーズに合った人事戦略を立案していくという役割を担うことになっていたが、導入時点で早くも暗雲が立ちこめてしまった。さらには、本社人事部との権限や責任の線引きもクリアでなく、お互いがときに無責任になり、迷走にいっそう拍車がかかった。

　このように、変革施策の浸透・実行段階においては、本社組織とローカル組織、さらには本社組織と個人との間にコミュニケーション・ギャップが生まれる。そして、そのギャップを埋めるために人員を配置しても、彼らがうまく立ち回れなければギャップを解消するどころかさらにギャップを広げることにもなりかねない。

　もともと、本社組織とローカル組織、本社組織と個人の間には、大きなギャップが存在するものだ。その理由は情報量の差にある。情報量が異なれば、認識もまた異なるのだ。つまり、関心が異なってしまうため、同じものを見ても、同じメッセージを聞いても、捉え方は三者三様になってしまうのだ。

　そして言うまでもなく、グローバル・チェンジにおいては、そのギャップがさらに広がる。CSPの複雑性により、本社組織の考えやメッセージは、ローカル組織、個人にいっそう届きにくくなってしまうのだ。

> **✓ まとめ**
> グローバルでの変革の推進段階におけるマネジメントは、CSPの複雑性により本社組織と現地組織、および個人の間のコミュニケーション・ギャップを生じさせ、全社が主体的に変革にコミットすることを困難にしている。

5・6 グローバル・チェンジに立ちはだかるCSPの複雑性

　ここで一度、グローバル・チェンジにおけるCSPの複雑性について整理をしておきたい。

　変革においては、発信されたメッセージを関係各所・関係者がきちんと受け取って理解し、同じ方向に向かっていくことが大切になるが、それを阻むのがCSPの複雑性だ。

❖ Cの複雑性

　グローバルにおいては、国・地域ごとに文化が異なるので、同じメッセージを発してもそれぞれで受け取り方が異なる。各個人に至ってはなおさら受け取り方が異なる。また、文化の違いは、異文化受容に対する抵抗感の濃淡、実際に変化が起こった場合の適応性(スピードやプロセス)の違いなどにも表れる。文化が異なれば価値観が異なり、価値観が異なれば考え方や行動習慣が異なるのは当然のことだ。

❖ Sの複雑性

　グローバルでは、組織からのメッセージが「機能」「事業」「国・地域」の

3つの方向から発せられるので、指揮命令系統が複雑になりがちだ。そのため、変革の際のメッセージ発信も、よほど整理されていないと混乱や誤解を招き、個人にまではいっそう届きにくくなる。

たとえば、現地に根づく階層構造やそのヒエラルキーの高さ、トップダウンかボトムアップかといったことが、変革を行う際には非常に重要となる。ボトムアップが必要なのにもかかわらずトップダウンによるやり方をしてしまえば、変革どころか逆効果になってしまうこともある。

❖ Pの複雑性

物理的に一堂に会せない、あるいは対面で伝える機会を持ちにくいので、本社からのメッセージは、ローカル組織およびその先にいる個人にまではよほど工夫しないと届かない。

グローバル・チェンジでは物理的なその距離が、本社とローカル組織、あるいは組織と個人の心理的距離を広げる要因となってしまわないようにしなければならない。物理的には遠く離れていても心理的には寄り添っているという一体感こそが、グローバル・チェンジには特に必要不可欠であり、そのためには、IT技術などを駆使して、Pの複雑性をできる限り解消するよう努める必要がある。

> ✓ **まとめ**
> グローバルチェンジが難しいのはCSPの複雑性があるからだ。CSPそれぞれに特徴的な事象が表れるが、視点を変えればCSPの複雑性をきちんと理解し、問題を解消することで、それが変革を大きく推進させる原動力になりうる。

5・7 CSPの複雑性に対処したグローバル・チェンジ

では、ここからはグローバル・チェンジを成功に導くために、CSPの複雑性にどのように対処していけばよいかを考えてみたい。

❖Cの複雑性への対処

Cの複雑性は、言葉の解釈や伝達に際して、異文化的な差異が色濃く出ることが多い。

特に現地にいる個人に対しては、その性格・気質を踏まえた上で、どのような変化もしくは抵抗が起きるかを十分に想定する必要がある。

社員の中には、はっきりと言動で示すタイプもいれば、曖昧な反応により潜在的な抵抗を示すタイプもいる。先に述べた通り、異文化受容に対する抵抗感の濃淡、実際に変化が起こった場合の適応性は、それぞれの文化によって異なるのでしっかりと見きわめる必要がある。

また、変革対象が組織文化である場合は、そのプロセスにおいて何をどのように変えていくかを徹底的に議論し、明確にしておかなければならない。営業・製造・研究開発・人事総務などの組織文化は、同じ場所でも、それぞれに行動習慣や考え方が異なる場合もある。

変革の影響を受ける現場の抵抗を想定する際には、組織文化の違いによる反応の違いを想定することが非常に有効だ。階層構造、ヒエラルキーの高さ、トップのパワーの使い方や、コミュニケーションのとり方、感情表出の多寡、個人主義・集団主義などの特性を考慮する。

その上で、グローバル・チェンジをリードする人材は、異文化受容力、考え方・習慣の違いを超える普遍的価値観、変化の受容促進を考慮したところでのスキル・能力が要求される。もちろん、使える権限の大きさ、組織間の壁を越えるマインドセットやスキルを備えておくことは言うまでもない。

ただし、現場の変革に必要なスキルや能力は国や地域により異なることが

多いので、その差異をプログラム設計時に反映しておくことが不可欠となる。専門スキルは地域ごとの戦略の違いを、コミュニケーションスキルについては、文化の違いだけでなく組織文化の違いも考慮しなければならない。

❖ Sの複雑性への対処

　地球規模で組織をまたいだ社員が参画する場合、指揮系統が複数になったり、人事制度がグローバルで共通化されていなかったりと、評価方法や報酬の決定方法が異なることがある。

　また、先に述べた通り、グローバルでは、組織からのメッセージが「機能」「事業」「国・地域」の3つの方向から発せられる。マトリックス組織には利点もあるが、指揮命令系統が複雑になるという欠点がある。また、国や地域によっても、どのレポーティングラインが優先されるかが異なってくるので、変革の実施に当たってはその点についても十分に議論しておく必要がある。

❖ Pの複雑性への対処

　先に述べた通り、本社と現地の物理的距離がそのまま両者の心理的距離になってしまわないように留意する。遠距離で時差が大きく異なり、考え方や行動パターンが異なる相手は、お互いに見えづらく、合意形成プロセスへの関与が薄れがちだ。よって、かなり意識的に情報を共有していかなければならない。

　また、国や地域の異なるメンバーを参画させるに際しては、あらかじめどんな方法でコミュニケーションをとるかを決めておかなければならない。もちろん、非言語メッセージも汲み取れる対面でのコミュニケーションができれば理想だが、移動時間と経費節減のために、補助手段として、バーチャル会議システムなどの情報通信技術をうまく活用することを考える。

　グローバル・チェンジを円滑に行うためには、組織を形成する個々人の心理・感情に留意するということが何も増して重要になる。

　変革と言うと、どうしても「形」から考えたくなるものだが、これは国内で行う場合にのみ適用できる考え方だ。個々人が、同じ社会構造の下で似

通った価値観を持っているから、これまでは「形」を示せば、その周辺に漂うものを組織の全員が理解できたが、グローバルにおいてそうした考え方は通用しない。

だからこそ、グローバル・チェンジにおいては、プロジェクト策定段階からCSPの複雑性を考慮しつつ、推進プロジェクトを組む際には異文化的多様性のあるメンバー構成とする必要がある。

そうすることによって、プロジェクトは現地の事情を汲み取れるだけでなく、現地組織の人々にとって「自分たちのこと」とし、彼らに当該者意識を持ってもらうことができるようになる。また、本社と現地の間にきちんとした信頼関係が構築されれば、全体統一と現地適合のバランシングを考える際の大きな助けともなる。

このようにしっかり下地をならしたところで、CSPに留意したコミュニケーションをとりながらプロジェクトを推進していけば、グローバル・チェンジが成功する確度は飛躍的に高くなるはずだ。

> ✓ **まとめ**
>
> グローバル・チェンジにおいてCSPの複雑性への対処は、「形」からではなく「人」への配慮から始めるべきである。プロジェクト策定から多様性のあるメンバーを参画させ、各層、各拠点の事情に対応していく必要がある。

5・8 グローバル変革プロジェクトの推進マネジメント・プロセス

ここからは、これまで述べてきたCSPの複雑性を留意しながら、どのよう

にグローバル・チェンジを実行していくかを考えていきたい。我々は、グローバル・チェンジを成功に導くためのプロジェクトマネジメントプロセスは、以下の5つのステップに分解できると考えている。

①変革プログラムの策定（チャーター、すなわち計画書の明確化）
②全体統一と現地適合のバランス決め（原理原則の徹底と自由度の設計）
③変革実行体制の整備（チェンジ・エージェントの育成）
④変革のベクトル合わせ（施策の浸透）
⑤変革実行のグローバル展開（ロールアウト／インの使い分け）

①「変革プログラムの策定」においては、チャーター、つまりWHY-WHAT-WHO-WHEN-HOWが明確化された計画書が必要になる。日本企業で多く見られるつまずきは、WHAT（取り組み内容）が不明確なため、具体的に何をすればよいかわからず、立ち往生する社員を生んでしまうことだ。チャーターは、変革プロジェクト推進の上で根拠となるものであるから、プロジェクトすべての基準とも言えるものだ。

②"全体統一と現地適合のバランス決め"については、原理原則を基本として具体的なスキルや細かいオペレーションはローカルに自由度をもたせるという基本スタンスがあるものの、絶対の正解はない。しかし、現地の社員に対し、本社がわかってくれている感を醸成し、原理原則を貫くことの重要性を理解させることで両立が可能となる。

③"変革実行体制の整備"では、グローバル・チェンジの推進役としてのチェンジ・エージェントの導入と育成について述べる。チェンジ・エージェントには多様性を内包する価値観や姿勢が求められるが、こうした役割は実は日本人に向いている。

④"変革のベクトル合わせ"については、変革により影響を受ける組織や個人に対して、どのように変革に対するクエスチョンマークを取り除き、施策を浸透していくかについて考えるものである。

そして、最後の⑤"変革実行のグローバル展開"においては、ロールイン（海外から日本に展開）とロールアウト（日本から海外に展開）の2つの手法

について、その効用と使い分けについて考える。

> ✓ **まとめ**
>
> グローバル変革プロジェクトの推進には、計画から実行までの5つのマネジメント・プロセスがある。グローバル・チェンジを成功に導くのは、これからの5つの段階におけるプロジェクト・マネジメントである。

5・9　①変革プログラムの策定

　最初のステップとなる「変革プログラムの策定」については、変革の基本プログラムともいうべき、WHY-WHAT-WHO-WHEN-HOWを明確にすることから始める。
　それは、プログラムの設計図である「チャーター」として表現される（図表5-1）。
　WHYについてはまず、この変革プログラムに取り組む必要があるのか、取り組まないとどうなるのかを徹底的に議論し、本プログラムを立案するに至った理由と経緯を明示する。たとえば、それは「米独の一流企業と互角に戦えるようなグローバルメジャープレイヤーになるため」というように設定される。
　そしてその上で、そのWHYを実現させるためのWHAT、つまりクリアすべき具体的な取り組み内容を洗い出して明確化する。たとえば、「グローバル事業に貢献できるよう人事部門のあり方を見直し、新たな役割を設定する」といったことだ。日本企業のグローバルでの変革の支援を数多くしてきたが、

図表5-1　チャーター（例）

WHY	1. 背景や問題意識		WHEN	7. プロジェクトのスコープ
	2. 中期経営計画との関係			8. 活動スケジュール
WHAT	3. ゴールと成果 （定性＋定量）		HOW	9. 活動方針
	4. 取り組み内容			10. KSF （鍵となる成功要因）
WHO	5. 体制と役割			
	6. 社員の関与 （社員にとってのメリット）			

　WHYは明確にしていても、WHATが明確でないために取り組みが頓挫することが多かった。WHATを明確にするために、さらにゴールと成果も、定性と定量の双方で表す。

　続いて、WHOとWHENを表現する。どのような体制や役割分担で進めるのかに加え、この変革に対して、社員はどのような関与が求められるかも明確にするとよい。WHENでは、スケジュールに加え、このスケジュール期間にプロジェクトのスコープに含まれるのはどこまでかを明らかにする。

　最後に、HOW、すなわちをどのように実施していくかを考える。たとえば、「人事絡みの施策として『事業に貢献できるビジネスパートナー』を設定する」「本社のみならず、海外現地法人に対しても調査を行う」といったことだ。

　活動方針やKSF（鍵となる成功要因）も記載しておくべきだろう。

　明確なチャーターをつくり、それに則って進めていくのと同時に、変革に必要なケイパビリティの開発もプランを立てて行っていくことが肝要だ。具体的には、変革を推進するために必要なファシリテーションスキルやリーダーシップスキルを開発するといったことだ。

> ✓ **まとめ**
> グローバル・チェンジにおける変革プロセスの策定では、チャーターで、WHY-WHAT-WHO-WHEN-HOWのそれぞれを明確にする必要がある。同時に変革に必要なスキルの開発のプランニングと実施も肝要である。

5・10　②全体統一と現地適合のバランス決め

　グローバルでの「全体統一と現地適合のバランス」をどう取るかは、世界中のどの企業にとっても解決の難しい課題だ。
　なぜなら、全体統一と現地適合は、その本質的な意味において両極に位置しているからだ。つまり、どちらを優先したとしても、悪いとも良いとも断言できないのだ。しかし残念なことに、この点については失敗している企業を目にすることが多い。
　両者のバランス取りについては、一般的に、原理原則はグローバルで統一しながらも、具体的なスキルや細かいオペレーションについてはローカルに自由度をもたせる、と考えられることがほとんどだろう。
　たとえば、本社がつくった研修プログラムを全世界で実行する場合。私たちは外資系企業の支援をすることが多いが、全世界で同じ内容を研修する際に「これは日本の現状に合わないな」と感じることが少なからずある。
　とはいえ、全世界の人材に最適な研修プログラムは、それ自体がそもそも存在しないものでもある。つまり、どれほど優れた研修プログラムであっても、日本の現状に合わない点があるのは自然なことだとも言えるのだ。
　問題はこの後に起こる。プログラム自体に非はないものの、研修を行った

担当者や受講者が「モチベーションが低く、内容を理解しようと努力していない」「日本のことをわかってくれていない」「こんなの役に立たない」とネガティブな心理に陥ってしまうのだ。こうなってしまえば、本来プラスであるはずの研修の場がマイナスになってしまう。

つまり、ここで大事になるのは研修の内容ではない。受講者に対し「本社がわかってくれている感をどれだけ醸成できているか」「原理原則を貫くことの重要性をどれだけ理解させられているか」なのだ。そして、それができていれば、原理原則を守った上で、具体的なスキルやオペレーションとしては何が適切かを考え、導くということ、さらには「方法」までもグローバルで統一することができるようになる。

たとえばZ社では、こうしたプロセスを経ることによって、社内のコミュニケーション方法を明確に定義できるようになった。

Z社は、世界百数十カ国でビジネスを行っている。よって、それぞれの国の文化やコミュニケーションのスタイルは多岐多様だが、スポーツのルールのようにコミュニケーションのルールを世界で統一した。結果として、業務効率が良くなり、ミスや誤解が減るという大きなメリットを享受することができた。

もちろん、その過程においては、自国文化とはまったく異なるコミュニケーション・スタイルを求められる人も出てくるに違いない。しかし、「本社がわかってくれている感」を醸成し、原理原則を貫くことの重要性を理解させることができれば、なんとか適応しようという動きが起きる。つまり、絶対の正解がない全体統一と現地適合のバランス決めについては、この「適応しよう」という感情をいかに喚起させられるかがキーポイントになるのだ。

> **✓ まとめ**
> グローバル・チェンジにおける全体統一と現地適合のバランスで、原理原則はグローバルで統一すべきである。変革の目的を統一することで、全体と個々の意識のバランスをとることができるようになる。

5・11 ③変革実行体制の整備
　　　　（チェンジ・エージェントの育成）

　変革の実行においては、その過程を効果的にマネジメントし、変革を滞りなく推進していくことが求められる。今日、ビジネスのスピードはますます速くなっているが、変革がビジネスに直結している以上、変革も速やかに行われる必要がある。

　そこで私たちは、変革をスムースかつ着実に実行していくために、変革を主導する専任者である「チェンジ・エージェント」を設置することがきわめて有効だと考えている。その存在感は非常に大きく、変革の成功失敗がチェンジ・エージェントの力量に左右されると言っても過言ではない。

　チェンジ・エージェントにまず求められるのは、グローバルかローカルかのせめぎあいの中で生じるコンフリクトをマネジメントできる力だ。

　これまで見てきたように、グローバル・チェンジでは、プランニングと推進マネジメントのいずれの段階においても、グローバルかローカルかのコンフリクトが多岐にわたって生じる。

　現地からは現地の実情をよくわかってくれたと認められつつ、本社が試みようとするグローバル統一や標準化の意図や意義の理解を促さなければならない。つまり、グローバルとローカルの間を取りもちながら、本来の目的を見据えて、粘り強くコンセンサスまで導いていくことが求められるのだ。

　さらには、「個別の国対本社」という構図ではなく、日本も含めた世界各国の知恵を結集して最適なものをつくり上げるという「ファシリテーション能力」が不可欠となる。先に述べたX社のように、変革がある国や地域のやり方に偏ってしまえば、他の国々からの理解を得ることは難しくなってしまう。

　そして実は、こうした役割を果たすのに日本人は適役なのだ。

　たとえば、リーバイ・ストラウスやナイキなどのグローバル企業でチェンジ・エージェントとして変革を主導した経験を持つ増田弥生氏は、著書の中で「"日本人だったからこそ"ファシリテーションで付加価値を提供でき、

チェンジ・エージェントとして成功できた」と語っている（増田弥生・金井壽宏『リーダーは自然体』光文社新書、2010年）。日本人特有の思いやりの深さ、謙虚さ、段取りのよさ、何でも許容する柔軟性といったものが、グローバルでの変革に多くの人を巻き込むのに役立ったのだそうだ。

増田氏自身は、英語は不得手なのにもかかわらず、名指しでファシリテーションを依頼されることが多かったという。その理由については、こうした日本人の特性によって、たとえば変革の世界展開を考える会議において、すべての参加者のあらゆる意見を引き出せていたことや、相手がどこの国の人であっても建設的な議論の場をつくれたことが理由ではないかと語っている。

増田氏の言葉は、私たちに大きな勇気を与えてくれるものだ。グローバル・チェンジにおいては、日本人だからこそ生み出せる付加価値があることを、私たちは自信と誇りとともに胸にとどめておかなければならない。

> ✓ **まとめ**
> グローバル・チェンジの実行体制は、グローバルとローカルのコンフリクトを調整し、変革への合意へと至らせるファシリテーターとなるチェンジ・エージェントの設定が鍵となる。

5・12　④変革のベクトル合わせ

変革の実行体制が整備された後は、変革のビジョンや最優先目的などの共有、つまり、変革のベクトル合わせを行わなければならない。

これは変革推進のプロジェクトチーム内でのみ行うものではない。変革によって影響を受けるすべての社員に対して行われるべきものだ。彼らの心の内

に「なぜ?」という疑問符がついたままでは、どれほど変革の必要性を強調したところで、本腰を入れて前向きに取り組む機運を高めることはできない。

もちろんそのためには、変革を主導していく立場の人間が、変革の目的、変革を行うことでどのような未来をつくっていきたいかを徹底的に議論し、明確にしておかなければならない。それができなければ、前述のX社の二の舞となってしまう。変革を始めました、しかしその方向性が途中でブレてしまいました、では、社員に一斉にそっぽを向かれてしまう。

また、仮に変革の影響をさほど被らない部門や事業所があったとしても、変革のビジョンはきちんと伝えておかなければならない。変革にとって最も大事なのは組織全体の一体感である。変革の影響を受けないからといって、ある一部の社員に対してだけにしか伝えていなければ、疎外感を与えかねないし、彼らが無関係な顔をしていることはそれだけで変革の流れに水を差すことになる。

変革のベクトル合わせでは、すべての社員が「自分たちのこと」という意識を持って、同じ方向を向くことが大事なのだ。

> ✓ **まとめ**
> 変革のベクトル合わせは、ビジョンの浸透によって行う。変革の意味を徹底的に議論し、変革のビジョンをすべての社員にとって「自分たちのこと」として浸透させなければならない。

5・13 ⑤変革実行のグローバル展開(ロールインとロールアウト)

ここまで、グローバル・チェンジを成功させるためのプロセスを、順を

追って見てきたが、最後に、変革をグローバル展開していく方法について考えてみたい。

展開手順には、大きく分けて2つのパターンがある。日本から始める「ロールアウト」と日本を最後にする「ロールイン」だ。

ロールアウトが日本から始めて世界へと展開していく方法であるのに対し、ロールインはまず海外で変革を進め、最後に日本に導入するという方法となる。

日本から始めるロールアウト、すなわち日本本社でテンプレートを開発し、各国へ展開するという形を選択した方がよいのは、展開する内容が競争力の源泉として明確で、それをグローバル標準にするという確固たる自信と強い覚悟がある場合だ。

一方、海外から始めるロールインのメリットは、何といっても海外に試験的に先行して行うパイロット拠点をつくれるということだ。また、その選定に際しては「パイロット拠点として機能するかどうか」、つまりは、今後の展開がしやすいかどうか、当該拠点での成功がグローバルに展開する際に説得力をもつかなどを考慮することが重要となる。

ただし、日本企業に限定して考えてみると、ロールアウトではかえって道のりが遠くなる恐れがある。日本の本社からロールアウトを始めると、たとえば日本語がネックになる。多くの国々ではビジネス言語は英語だからだ。また、日本の複雑な組織構造が問題になることもある。多くの国々では組織も日本より単純なケースがほとんどだからだ。

こうした観点から言えば、多少の手間暇はかかってしまうが、海外から始めるロールインを真剣に検討すべきかもしれない。

ロールインには海外での成果をテコにして、日本本社のグローバル化を促進できる、といったメリットもある。日本本社以外の地域から展開を始め、グローバル全体の成功モデルを確認・評価した上で、日本の本社に展開するのだ。

日本人には、良くも悪くも海外に対するコンプレックスがある。実際、グローバルではうまくいっているという事実が本社の抵抗勢力に風穴を開けた例を、我々はいくつか目にしてきた。試してみる価値はあるだろう。

> ✓ **まとめ**
>
> 　変革をグローバルに展開する場合の進め方は、日本本社から変革をスタートするロールアウトと、海外拠点からスタートするロールインとがある。ロールインによって、本社中枢にまで変革を及ぼした例もある。

5・14　まとめ：
グローバル組織開発は「チェンジ」の連続

　さて、本章ではここまで「変革」という視点で、グローバル組織開発について考察してきた。冒頭でも述べたが、本章の意味合いは、前章までの個別のテーマとは異なる。

　「変革」とは、ある状態から別のある状態に移行するということだ。つまり、変革とは前章までで取り上げた「チーム」「ダイバーシティ」「バリューズ」に通底する。チームからハイパフォーマンスチームへの移行、あるいはグローバル・ダイバーシティマネジメントの実現、バリューズ浸透も、そのいずれもが変革そのものと言えるのだ。

　しかし、グローバルにおいては個別のテーマはもとより「変革」自体についても、CSPの複雑性によって一筋縄ではいかなくなる。あるいは、個別テーマの難しさと合わせたこの二面性があることが、グローバル組織開発を難しくさせている一番の原因と言えるかもしれない。

　それこそが、私たちが本書で「変革」を別章として論じた理由でもある。

　「全体統一と現地適合のバランシング」「本社組織と現地組織および個人の間のギャップ」という変革そのものに潜む課題、それを考慮したプロセスの作成とその後のマネジメントの難しさは、個別テーマの側面からでは、なか

なか気づけない。しかし「変革」そのものにスポットを当てることで、それが見えてくるようになる。

そして、それらを理解することは、「チーム」「ダイバーシティ」「バリューズ」といった個別テーマにおけるグローバル組織開発を行っていく上で、大いなる助けとなるのだ。

まとめ

　グローバル組織開発は、チェンジの連続だ。ハイパフォーマンス・チームづくりや、グローバル・ダイバーシティ・マネジメントの実現、あるいは、バリューズのグローバル浸透などを進める際には、ここで述べたチェンジの要諦をヒントにしたい。

第6章 グローバル「リーダー」になる／「リーダー」を育てる

6・1 リーダーの「育成」も組織開発の一部

　本書のスタート地点は、日本企業のグローバル化の取り組みに関する問題意識にあった。
　今日、実に多くの日本企業がグローバル化推進の加速化に取り組んでいる。しかし、その活動のほとんどがグローバルに活躍できる人材、グローバルリーダーの"育成"の強化にとどまっている。我々はそうした現状に危機感を抱き、前章まではグローバル組織開発の必要性とその取り組み方について、「チーム」「ダイバーシティ」「バリューズ」「チェンジ」の各視点から論じてきた。
　ただし、もちろん、育成が不要だといっているわけではない。これまで各章で折に触れて述べてきた通り、グローバル組織開発においては、中心となって取り組みを推進させていく人材、つまりグローバルリーダーの存在は欠かせない。そして、そうした人材を自前でどれだけ育成していけるかということも、今日のグローバル企業にとっては重要な競争力の源泉の1つとなっ

ている。だから、実際に多くの企業が、グローバル人材育成やグローバルリーダー育成に取り組み、育成プログラムや研修メニューなどの充実を図っている。

　我々が危惧しているのは、組織開発の取り組みをないがしろにして、ただこうした育成の取り組みだけに終始してしまうことだ。そして、組織がグローバルリーダー個人に過度に依存したり、グローバル化の推進を海外でビジネスを推進する人材のみに頼りきってしまう状況を招くことだ。

　確かに、優れたリーダーの登場はあらゆる課題を一気に解決してくれるかもしれない。しかし、それは一時的なカンフル剤でしかない。そのリーダーがなんらかの事情でいなくなってしまえば、組織は瞬く間に空中分解しかねない。あるいは、自分は国内にいてグローバルビジネスを推進する担当ではないからといって、多くの人がグローバル化に無関心でいては、その状況自体が、グローバルでのその企業の成功を遠ざける原因となるのだ。だからこそ、企業は特定の「人」の育成のみならず、「組織」の開発をしていかなければならないのだ。

　繰り返すが、その点への留意があれば、グローバルリーダーをはじめとしたグローバル人材の育成は、グローバル化を推進する企業にとって重要な取り組みであることは間違いない。改めて言うまでもないことだが、グローバル組織開発の推進には、グローバルリーダーが必要だ。

　真のグローバルリーダーの存在は、これまで述べてきたグローバル組織開発の4つの視点のために、絶対に欠かせない。

・グローバルにチームをつくり運営する
・グローバルにダイバーシティを活かす
・グローバルにバリューズを浸透させる
・グローバルにチェンジを推進する

　もちろん、グローバルリーダーシップ発揮の際にも、CSPの複雑性（図表1－3）による難しさはある。この章ではグローバルリーダーがどうやってCSPの複雑性を乗り越えてリーダーシップを発揮すればよいかを考察するととも

に、それを見据えたグローバルリーダーの育成方法についても論じる。つまり、グローバルリーダーの育成も、グローバル組織開発の一部であるという認識に立っていることを強調したい。

グローバルリーダーのリーダーシップ開発。それこそが、グローバル組織開発を成功に導く最後のピースになるのだ。

まとめ
　グローバル化を真に推進するには、グローバル人材育成だけでなくグローバル組織開発が必要である。一方、グローバル組織開発を進めるためにはグローバルリーダーは不可欠で、グローバルリーダーの育成もグローバル組織開発の一部である。

6・2　明確でないグローバルリーダー像の弊害

　日本企業の多くが、すでにグローバル人材もしくはグローバルリーダーの育成に取り組もうとしている。これは裏を返して言えば、グローバルリーダーの不足に問題意識を持つ企業が多いことの証でもある。実際、グローバル人材の充足状況を問う調査では、どのような調査においても「不足」と答える企業の割合が7〜8割を占めるのを見てきた。多くの日本企業が、グローバルリーダー育成のプログラムを準備し、さらに充実させようと躍起になっているところだろう。

　一方、世界のグローバル企業に目を転じてみても、どの企業にもグローバルリーダーシッププログラムの準備があるわけではない。"Developing Successful Global Leaders 2012"のレポートによれば、AMA（アメリカンマネジメ

図表6-1 グローバルリーダーシッププログラムの現状

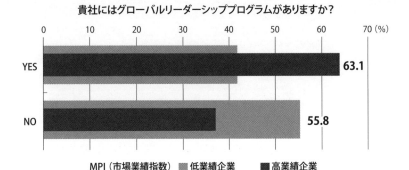

- グローバルリーダーシッププログラムを導入している企業は1/3
- ただし、高業績企業では、6割近くがプログラムを導入している

※結果はグローバル・マルチナショナル企業からの回答のみをまとめたもの。
(出所) AMA調査レポート「Developing Successful Global Leaders 2012」

ントアソシエーション)が行った多国籍企業に限ったアンケート調査で、「貴社にはグローバルリーダーシッププログラムがありますか?」との問いに、「はい」と答えた割合は31%にすぎないという。

ただし、業績を上げている企業ほど、熱心に取り組んでいるという傾向があるようだ。高業績企業と低業績企業とに分けて統計を整理したところ、市場におけるパフォーマンスを評価する4つの指標において高業績と判断される企業の6割以上が「グローバルリーダーシッププログラムを自社に有している」と答えているのだ。一方低業績企業の半分以上は、プログラムを有していないという結果だった(図表6-1)。

さて、グローバルリーダー育成に力を入れていくこと自体はさらに促進すべきことだと思うのだが、ひとつ懸念することがある。

我々もこれまで、グローバルリーダーの育成に力を入れて取り組む企業を支援しながら、多彩な育成プログラムや研修メニューなどを見聞きしてきた。しかし、いざ育成プログラムや研修メニューを具体的に検討する段になってみると、正直愕然とさせられることがあった。なぜなら、そうした意識の高

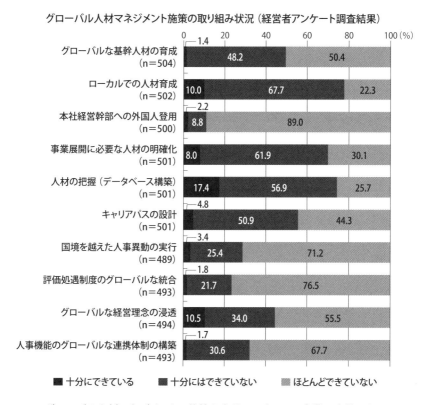

図表6-2　経営者が見るグローバル人材マネジメントの状況

・グローバル人材マネジメントの施策を十分にできている企業は少数である

（出所）2012年度「当面する企業経営課題に関する調査」結果（日本能率協会）

い企業であってでさえも、そもそも育成したい"グローバルリーダー像"が明確でないことが多いのだ。

　たとえば語学力ひとつとってみても「語学など本質ではない」という人もいれば、「言葉ができなければ話にならない」という人もいた。それでも語学力の重要性が議論できているのならばまだ良い方だ。なかには「グローバルリーダーを育成するのに語学力以外に何が必要なのかよくわからないので、とりあえず英語だけは身につけさせておく」と、英語研修のみを充実させて

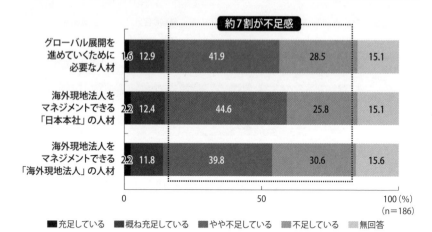

(出所)「企業の経営課題調査[組織人事編]」(日本能率協会)

いる企業も少なくなかった。

　また、経営陣による議論においても、人によってグローバルリーダーのイメージが相当に異なっていると感じる場面に出くわすことが多い。「"グローバルリーダー"とは現地法人のトップができる人材」と考えている人がいる一方で「いやいや、現地法人でトップができる人材はむしろ"ローカル人材"ではないか」と議論を持ちかける人もいるのだ。あるいは「現地法人で活躍できるかどうかなどは、グローバルリーダーの要件のほんの一部だ」といったことを言う人もいる。

　このような状況では、グローバルリーダーの効果的な育成は望むべくもない。実際のところ、多くの日本企業がグローバルリーダー育成のプログラムを導入しながらも、十分な内容が実施できていると感じている企業はごく少数に限られるようだ。図表6-2は、グローバル人材マネジメント施策の取り組み状況に関する経営者アンケートの調査結果だが、どの項目を見ても「十分にできている」企業の割合は少なく、「グローバルな基幹人材の育成」についても、その割合はわずか1％程度にしかすぎない。また、図表6-3に見るように、グローバル人材の充足状況は肯定的な回答をしている企業は全体の2

割にも満たない。

　グローバルリーダー育成が効果的に進まない根本的な原因は、そもそも育成しようとするグローバルリーダー像が明確でないことにあると我々は見ている。

　グローバルリーダー育成のためには、まず、グローバルリーダーとはどのような存在であるかの定義から始めなければならない。目指すべき姿が明確であればこそ、グローバルリーダーの効果的な育成方法を考え出すことができるようになるのだ。

> ✓ **まとめ**
> 　グローバル組織開発においては、グローバルリーダー像が明確でないことから、さまざまな混乱や非効率をもたらすなどの弊害が生まれている。まずは、自社が考えるグローバルリーダー像を明確にすることから始めるべきだ。

6・3　グローバルリーダー像の再定義

　皆さんは、グローバルリーダーをどのように定義しているだろうか。
　我々は、グローバルリーダーとは「地球規模の最適化を常に考え、国や文化を超えた人々を束ねて変革や革新を実現する人」、そして企業におけるグローバルリーダーはさらに、「多様性を受容しつつ、自社の価値観を伝達・浸透できる人」と定義している。世界のリーディングカンパニーも、それぞれ自社に求められるグローバルリーダーはどのようなものかを、真剣に議論し明確にしている。

たとえば、グローバルリーダー輩出で有名なGEでは、2009年に「21世紀のリーダー像」はどうあるべきかを打ち出すためのプロジェクトが立ち上げられた。世界中の社員からリーダー候補の30人が選ばれ、リサーチやヒアリング、討議を重ねて定義を行ったというのだ。

そのメンバーの1人に選ばれたのが、現在GEヘルスケア・ジャパンの代表取締役社長兼CEOの川上潤氏だ。彼は、これからは職位によって統治する「マネジメント」ではなく、人間として影響を与える「リーダーシップ」がますます重要になると指摘している。「情報技術が高度化し、さまざまな国籍、さまざまなポジションの人たちが、互いの顔も見ずに仕事が進められる現代では、役職や組織上の上下関係による命令系統はうまく働かない」ことが明らかになったというのだ。さらに、これからのリーダーに必要なのは、「多様な人を受け入れ、それぞれが自分の能力を最大限に発揮し、チームとしてパフォーマンスを向上させる"バウンダリーレス・コラボレーション（境界のない究極的なチームワーク）"をリードできるという資質だという結論を得た」（出所：「Kellog Business Style Japan」ウェブサイトより）とも語っており、これはまさに私たちが定義するグローバルリーダーそのものだ。

「リーダー」と「グローバルリーダー」の違いについて、議論になることもしばしばある。そもそもリーダーシップの本質は、グローバル環境にあろうとなかろうと変わらないものだと我々は考えている。

ただし、グローバル環境下でリーダーシップの発揮が求められるリーダーには、CSPの複雑性を乗り越える必要があるという点において、リーダーシップ発揮の難しさが増すことは否めないのだ。

グローバルリーダーは、CSPの複雑性を乗り越え、「国や文化を越えた人々を束ねてチームをつくり」、「どこかの国やエリア最適でなく、地球規模での最適化を考え」、「チェンジ（変革や革新）を実現する」ことが必要となる。

さらにそういったことを効果的に行うためには、さまざまな文化などのダイバーシティ（多様性）を受け入れ、その上で、バリューズ（自社の価値観）を伝達・浸透することが求められる。

このようなグローバルリーダーの定義を体現している人物として思い浮かぶ1人が、日産自動車社長兼最高経営責任者（CEO）／ルノー取締役会長兼

CEO（PDG）のカルロス・ゴーン氏だ。彼は、日産、ルノーという国籍や文化的背景の異なる会社のトップを務め、さらに世界複数の国の自動車会社とも提携し、地球規模での最適生産、販売体制を整え、その実現に向けて日産、ルノーでのさまざまな改革を成功させてきた。その過程では、企業文化の異なる2社の強みを理解し、それを活かしつつ、共通して目指すビジョンや価値観を自ら語り伝えてきた。

しかし、彼のような世界を股にかけたグローバル企業のトップエグゼクティブだけに、グローバルリーダーシップが求められるというわけではもちろんない。主な勤務地が日本国内であったとしても、あるいはミドルマネジメントレベルや一般社員でも、グローバルリーダーになることは十分に可能だし、実際にそうしたグローバルリーダーも存在している。

たとえば、インドやベトナムのパートナー企業と共同でシステム開発を行うあるプロジェクトリーダーは、日本にいながらにして、国籍や文化的背景の違うメンバーを束ねて、プロジェクトの意義や目的・ゴールを伝えて、着実に成果を出そうとしている。また、国内の人事部に属すある研修担当者は、自身が企画・実施する研修内容が、自社のグローバルビジョンやバリューズの実現にどう貢献するかと日々考え、そして、日本国内にいる人たち向けの研修であったとしてもこれが世界レベルで通用する研修内容なのか、と自問自答している。

グローバルリーダーとは、必ずしも海外業務で活躍している必要はなく、勤務地や担当している業務にかかわらず、常に世界を視野に入れて地球規模で物事を捉え、国や文化的な違いを越えて成果を上げる人材なのである。

> ✓ **まとめ**
> グローバルリーダーは、国や文化を越えた人々を束ねて、地球規模での最適化を考え変革や革新を実現する。そのために、さまざまな文化などの多様性を受け入れ、その上で、自社の価値観を伝達・浸透することができる存在である。

6・4 グローバルリーダーに必要な6つの資質・行動

われわれは、真のグローバルリーダーになるためには、「ABCDEF」で表現できる以下の6つの資質・行動が必要だと考えている（図表6-4も参照）。

A（self-Awareness）　自己認識
B（Business insight）　ビジネスインサイト
C（Care）　配慮
D（Direction）　方向性
E（Execution）　実行
F（Facilitation）　ファシリテーション

Aの「自己認識」とは、グローバルスタンダードに合わせて、自分の強みと弱みを認識できる力だ。その上で、自国ならびに自分自身の価値観を認識し、他者の価値観との違いを認識しつつ、尊重できる広い視野と度量が必要になる。

Bの「ビジネスインサイト」とは、世界に通用するビジネスの知識を有しているかどうかということだ。それらの知識を総動員して、多文化にまたがるビジネス構築のために、幅広いオプションを創出する能力を指す。

Cの「配慮」とは、さまざまな背景を持つ人々の信頼を獲得し、グローバルとローカルの関係者の利害を理解し、バランスをとるということだ。

Dの「方向性」とは、世界全体を念頭に置いた経営理念（ミッション、ビジョン、バリューズ）を示す能力を指す。また、目的や期待値を周囲に明確に伝え、個人と組織の考えを整合させる力も必要となる。

Eの「実行」は、困難な状況でも成果を出すために自ら行動し続けることができるということである。自らの行動をベースに、文化や背景の違いを乗り越えて周囲の実践を促していく。

図表6-4 グローバルリーダーに必要な6つの資質・行動

要素	行動例
self-**A**wareness 自己認識	・グローバルスタンダードに合わせて、自分の強みと弱みを認識している ・自国ならびに自分自身の価値観を認識し、他者の価値観を尊重している
Business insight ビジネスインサイト	・世界に通用するビジネスの知識を有している ・多文化にまたがるビジネス構築のために、幅広いオプションを創出する
Care 配慮	・さまざまな背景を持つ人々の信頼を獲得している ・グローバルとローカルの関係者の利害を理解し、バランスをとっている
Direction 方向性	・世界全体を念頭に置いたビジョンを示している ・目的や期待値を明確に伝え、個人の考えと組織の考えを整合させている
Execution 実行	・困難な状況でも成果を出すために自ら行動し続けている ・背景が異なる人やグローバルとローカルの違いを認識しつつ、周囲の実践を促している
Facilitation ファシリテーション	・多文化の人々を巻き込みながら、変革と革新を推進している ・多文化において、自社の経営理念の浸透を促している

Fの「ファシリテーション」とは、多文化の人々を巻き込みながら、変革と革新を推進する力だ。文化の違いを乗り越えて、1人ひとりの力を最大限に引き出して、組織としての成果を最大化することを支援することが求められる。

このような資質・行動が求められるグローバルリーダーだが、これらを兼ね備え、グローバルリーダーとして活躍している日本人も多くいる。次項ではそうした人物を具体的に紹介しよう。

> **✓ まとめ**
>
> 真のグローバルリーダーに必要な資質として、A：自己認識、B：ビジネスインサイト、C：配慮、D：方向性、E：実行、F：ファシリテーションの6つの要素を兼ね備え、それらを行動に反映できることが特に重要と考える。

6・5　グローバルリーダーの具体例

　グローバルリーダーに必要な「ABCDEF」の資質を身につけ、グローバルリーダーとして活躍している1人が、外資系製薬会社で活躍する日本人N氏だ。

　N氏は日本オフィスで採用され、IT部門に勤務、一定のマネジメント経験の後、日本のIT部門からは初めてのドイツ本社勤務となり、さらにシンガポールでアジアパシフィックのIT部門のトップを務めていた。ご存知の通り、シンガポールはさまざまな国籍や文化的背景を持つ人が集まり、またキャリアアップのための転職も多い国である。そんななかで、就任からわずか2年で定着率を劇的に改善し、ビジネスの成果も本社や他の地域から一目置かれる存在となっていた。

　グローバルリーダーとしてのN氏を、6つの資質・行動に当てはめて見てみよう。

❖自己認識（self-Awareness）

　外資系企業に勤務したが、もともと海外志向が強かったわけではない。日本で一定の仕事ができるようになると、海外から来る優秀な人材たちに触れ

るようになり、自身の能力は日本では通用してもグローバルでは通用しないことがあることを実感した。それから彼はグローバルレベルで通用するビジネス知識・スキルの習得に励むようになり、現在も基本スキルとして活用するコミュニケーション、ロジカルシンキング、ファシリテーション、バランス・スコアカードなどは日本にいるときに学んだという。それらを実際にグローバル場面で活用し、さらに自らを成長させるため、海外に活躍の場所を移すことを希望し、初のドイツ本社勤務を実現させた。

　現在でも、360度フィードバックなどを活用して、グローバルレベルで活動する上での自分自身の強み、弱みを冷静に把握しているし、日本人としての強みと弱みを常に意識している。彼に問うと、自分自身の強みとしては、明確なビジョンとディレクション、誠実でオープンなコミュニケーション、ロジカルにNoと言えることなどを挙げる。ちなみに日本人の強みとして彼は、「プロジェクトマネジメント」を挙げている。日本人は不確実性回避の傾向が高く、判断が遅いと言われることが少なくないが、逆に捉えれば、将来のリスクを先読みし、あらかじめ対策を施すことができるということでもあるのだ。こうした能力を長所としてうまく活用すれば、期限内に成果を求められるプロジェクトのマネジメントにおいて、大きな強みとなる。

❖ ビジネスインサイト（Business insight）

　先に述べたように、彼はグローバルで通用する専門性として、IT分野の知識はもちろん、マネジメントに必要な知識・スキルも習得した。それらを活用した上で、アジアならではの視点からの洞察を加えて、世界規模でのビジネスの成果を最大化することに貢献しようとしている。グローバルレベルで見れば、アジア各国はまだまだビジネスの規模は小さいが、いち早く成長することへの期待は大きい。したがって、システム開発自体に求められることは、社内リソースが限られている中で、スピード感と規模感をもって進めることだ。N氏は、各国のバーチャルチームや、社外の重要パートナーを巻き込んで、アジャイル開発の手法を用いたプロジェクトを立ち上げて、すばやいシステムインフラ構築を行った。アジアのビジネス拡大に貢献するのみならず、将来的にも重要な競争力を構築しているという自負を持って、さまざ

まなオプションを提案、実行している。

❖配慮 (Care)

　先に述べたが、まさに多国籍国家であり、また転職する人も多いシンガポールにおいて、彼はわずか2年で定着率を劇的に改善させた。N氏が実際に行っていることは至ってシンプルだ。

　シンガポールオフィスのメンバーが多民族であることへ配慮し、意識的にチームビルディングを目的とした文化交流イベントを行っている。弊社スタッフが12月に訪問した際、オフィススペースは人がまばらであった。聞いてみると、その日は年末イベントとして各人がローカルフードを持ち寄るパーティーを行う予定であり、飾りつけや食べ物の買い出しなど、手分けして準備に行っているところだそうだ。仕事を越えて、互いの文化を意識し尊重しながらも楽しむ機会となり、チームの一体感醸成に役立っているという。

　転職が多いことへの配慮としては、1人ひとりにしっかり目配りすることが欠かせないという。3、4年での転職を繰り返す人が多いシンガポールでも、その間になんとか1人ひとりを成長させたいという思いから、どんな内容の仕事をしているか、職場での人間関係で何か悩んでいないか、個別に観察・把握して必要な声をかける。中華系の人々は他の民族とあまり話したがらないという傾向があるといわれるが、だからこそ、なおさら個人個人に目配りすることを常に意識しているという。

❖方向性 (Direction)

　N氏がシンガポールに赴任して最初に行ったことを聞くと、アジアパシフィックIT部門としてのミッションとビジョンづくりだという答えが明快に返ってきた。グローバルのミッション、ビジョンを出発点として、規模はまだ小さいが成長余地は大きいアジアパシフィックのビジネスの特性を踏まえて、アジアパシフィックとしてのミッションとビジョンを作成したという。

　作成の過程では、マネジャー以上を巻き込み、一緒に議論してつくり上げたという。さらにビジョン実現のためのロードマップを作成し、目指すべきところに加えて、進むべき道筋の認識を一致させた。多くのマネジャーが自

らのデスクの前にそのロードマップを貼っているそうだ。

❖実行（Execution）

　N氏は「いまがあるのは、困難な状況でもあきらめず、自ら行動してきたからだ」という。初めにドイツ本社に赴任になったときも、席は用意されていたが、仕事はなかった。そこで、自ら仕事をつくるため、マネジャーたちに片っ端から会いに行き、何か仕事がないかを聞き回ったそうだ。もちろん容易に仕事が見つかったわけではなかったが、ここで成果を上げなければ、「日本人はやはりドイツでは通用しない」と言われかねないと、自分が日本を背負っているぐらいの気持ちで行動し続けてきたという。自分に何が期待されているのか、自分は何ができるのかを真剣に考え続けたN氏は、見つけ出した仕事を確実に実行して周囲の信用を勝ち得ていった。

❖ファシリテーション（Facilitation）

　N氏は、ファシリテーション力を伸ばせば、日本人はもっと活躍できるという。自己認識（Self-Awareness）のところでは触れなかったが、N氏が、自身の強みであり日本人の強みとして挙げたのが、異なる背景や意見を持つ人を巻き込み、前へ進めることだ。まさにファシリテーション力だ。グローバルな会議でドイツ人とアメリカ人の意見の対立が起きたとき、よくN氏が間に入ってまとめることがあるという。決して出すぎることなく、それぞれの話をじっくり聴いて、ロジカルに整理し、代案を提示して両者の合意を得ていく。そんな点が評価をされて、他部署からも意見の対立があるとよく相談を持ち込まれるという。

　ここまで、N氏を例に挙げてグローバルリーダーに必要な資質・行動である「ABCDEF」を見てきたが、その考え方や行動・あり方の中には参考にすべき点が数多くある。たとえば、ファシリテーション力ひとつとってみても、N氏のふるまいは、日本人としての立ち位置のヒントにあふれている。一般的には日本人は主張が弱く、リーダーには向いていない、と言われることもあるが、人の話をじっくり聴く、ロジカルに整理する、などは主張が先行す

るアメリカ人や中国人よりも得意な人も多い。であるなら、それを活かした支援型（ファシリテーター型）リーダーのスタイルも向いているのではないか、というわけだ。グローバルリーダーとして成長する、育てるための取り組みについては後ほど触れるが、最後に、N氏の言葉を紹介したておきたい。

「グローバルリーダーに必要な知識やスキルは、その8割方が日本で学べる」

グローバルな視点を持ちながら、6つの資質・行動を高めることを意識して学習、経験することで、国内にあってもグローバルリーダーを目指すことは決して難しいことではないはずだ。

「残りの2割は、その場（グローバル環境）に身を置いて見えてくる」

海外で仕事をするからグローバルリーダーなのではない。日本にいても、日本人以外の人と仕事をする場面はいくらでもある。グローバルリーダーを目指す方々にはぜひ、常にグローバル視点で6つの資質・行動を振り返ってみていただきたい。

> ✓ **まとめ**
>
> 真のグローバルリーダーに必要な6つの要素に基づく知識やスキルは、実はその8割方が日本で学べるものである。残りの2割は、実際にその場（グローバル環境）に身を置くことで習得していくべきものである。

6・6　日本人グローバルリーダーの前に立ちはだかるCSPの複雑性

ここで、リーダーに期待されることが、日本と諸外国とで大きく異なっていることを確認しておこう。日本人がグローバルリーダーを目指す、あるい

は日本人のグローバルリーダーを育成するにあたっては、このズレが少なくない影響をもたらす。

　北米の日系企業の子会社で働く現地社員が、日本人の駐在マネジャーのことで人事部に苦情を言ったという話を聞いたことがある。「もうこれ以上耐えられない」というので、人事部長が、なぜそんなに頭にきているのかと聞き出したところ、その日本人マネジャーは、部下の仕事のすべてに細かく関与し、常に首をつっこんできては、マネジャーの意の通りになるように詳細に変更を求めてくるらしかった。現地社員は「スタイルの違いでは済まされない」と語り、「仕事を任せてもらっているという感覚が持てない、まったく信用されていない」から、これ以上はこの人の下では働けないと言う。

　一方の日本人マネジャーに話を聞くと、自分は部下の仕事に常に関与し、きめ細かく面倒をみることで良い上司であろうと努めているだけだと答えた。

　このような状況は、非日本人社員が日本人マネジャーの下で仕事をする際に頻繁に起こる。一言で言えば、日本人マネジャーが陥りがちな「マイクロマネジメント」から生じる問題だ。

　かつて、マネジャーに求められる役割に関する認識の違いの各国比較を目にしたことがある。「マネジャーは、部下が仕事に対して抱きがちな多くの疑問点に対して、簡潔な答えを常に手元に用意しておかねばならない」と考えるか否かという問いに、各国のマネジャーたちがどのように答えたかという調査だった。YESと答えたマネジャーは、日本では半分を占めていた。上司たるもの、部下の業務に精通していて当然と考える人が多いということだろう。

　一方諸外国のデータを見ると、YESと答えたマネジャーが20％を切る国が半数以上を占めた。数パーセントに満たない国も少なくなかった。日本人がグローバルな舞台でリーダーシップを発揮する際には、業務内容に精通することよりも重要なことがあることに留意した方がよいだろう。文化が異なれば、そもそもリーダーに期待されること自体が異なるのだ。

　これは主にCの複雑性から生じることだが、Cのみならず、SやPの複雑性にも留意してリーダーシップを発揮しなければならない。

　真のグローバルリーダーとは、一言で言えばCSPの複雑性を乗り越えて

リーダーシップを発揮できる存在だ。次項からは、日本人がグローバルリーダーとして活躍していくために、CSPのそれぞれをどのように乗り越えていけばよいかを順に考察してみたい。

> ✓ **まとめ**
>
> 日本人がグローバルリーダーを目指す、あるいは日本人のグローバルリーダーを育成するにあたっては、日本と諸外国とでリーダーに求められる役割に対する認識が大きく異なる可能性があることを理解しておきたい。

6・7 Cの複雑性を乗り越える日本人リーダー ——マイクロマネジメントから抜け出す

前節では、そもそもリーダーに期待されることが、日本と諸外国とで大きく異なっていることを確認した。とりわけ日本では、リーダーたるもの部下よりも業務内容に精通していて当然という文化が、溝を大きくしているように思う。

日本以外の多くの国では、部下に非常に明確に役割や任務を与え、期待される成果をはっきり伝え、そして仕事を任せることが、マネジャーに求められる典型的な仕事の進め方だ。したがって、部下の業務中に口出しは不要であり、マネジャーは傍観し、結果を報告されるまではただ待っていればいい。

対照的に、業務過程を通して徹底的に干渉することが日本でよく見られる。何をどこまでやったかの進捗状況を頻繁にチェックし、部下はマネジャーからの指示を仰ぐ。マネジャーは全体的なことから特定の事柄まで具体的な指示を出すこともある。業務過程はいわば、上司と部下の共同作業となる。

これら2つのまったく異なるマネジメントの仕方は、それぞれの環境においてはきわめて効果的に作用するものだ。どのように仕事を進めるべきかの前提が、上司と部下の間で共通の認識になっているからである。しかしながら、部下が外国人でマネジャーが日本人の場合、共通の認識が存在しないため、先に紹介したような誤解や対立が生じやすいのだ。

　日本人のマネジャーからすると、外国人の部下は仕事を進める際になぜ報告を怠るのか、なぜめったに上司に相談に来ないのか、といったことを不思議に思う。実際、我々も、日本人マネジャーから、外国人の部下が十分な情報を提供してこないということや、その結果として、最終的なアウトプットが期待したものとは異なることが多いといった不満をよく聞いた。それを避けるために、多くの日本人マネジャーは、部下の業務内容について首をつっこむことを繰り返すことになる。外国人の社員は、最小限の監督下で独立して業務を遂行することに慣れているので、日本人マネジャーのそのような行動は抑圧的とすら感じるだろう。

　それではいったい、日本人マネジャーと外国人部下との間の文化の違いを背景にした溝を埋めるにはどうしたらよいのだろうか。

　とりわけ、前述したグローバルリーダーの資質ABCDEFのうち、「自己認識（self-Awareness）」に基づき、部下と自身の前提となっている考え方の違いを認識することから始めることが重要だ。その上で、上司と部下が円滑に協力していくために、たとえば「報・連・相」のようなコミュニケーションの仕組みが有効な手段であることを、外国人の部下が理解できるようにサポートすることだ。

　「報・連・相」は、日本ではほとんどの人が学校を卒業して最初の仕事に就いたときに学ぶが、国外ではあまり知られていない。外国人の部下にとっては、積極的に適切なタイミングで上司へ報告する「報・連・相」テクニックを学ぶのは、日本人マネジャーと効果的にコミュニケーションするために非常に有益と感じてくれる。

　「報・連・相」は、タイミングや頻度、共有する内容のレベルなどをあらかじめ決めておくことが肝要だ。日本人マネジャーにとっては、自身の関与を管理するためのプロセスでもあることを認識し、マイクロマネジメントを防

ぐ役割も果たすことを理解しておくべきだろう。

> **✓ まとめ**
>
> 日本人の目には、部下からの報告・相談・連絡が少ないと感じる場合でも、背景文化の違いで、関与の度合を高めるとむしろ過干渉ととられることがある。文化の溝を埋めるために、コミュニケーションの頻度やタイミングなど前提となる認識自体を合わせておく必要がある。

6・8 Sの複雑性を乗り越える日本人リーダー
——制度を現場で徹底運用する

グローバル組織の運営にはSの複雑性が存在することは、何度も論じてきた。あらためて整理すると、グローバルリーダーが乗り越えなければならないSの複雑性というときの制度には、大別して2種類ある。

1つは、国によって異なる許認可等の制度だ。こういった制度は国や地域によって内容自体も、あるいは整備状況も異なることは言うまでもないが、一企業や一個人ではコントロールすることのできない類のものだ。

そして、もう1つは、人事制度や意思決定の仕組みなど、その企業の社内のみに存在する制度だ。グローバルリーダーには、リーダーシップを発揮して、そのどちらも乗り越えることが必要だ。順番に、Sの複雑性をどのように乗り越えることが必要なのか、特に日本人に求められるリーダーシップに焦点を当てて話したい。

まず、1つめの、一企業や一個人ではコントロールすることのできない類の制度だが、逆説的な言い回しになるが、コントロールできないとは考えない

ことが必要なのではないだろうか。特に日本人に求められるのは、制度が整っていないことをむしろチャンスと見る姿勢だ。以前、アジアのある新興国の人たちと対話をしていたときに、「なぜ、日本人はみすみすチャンスを逃すのか」と言われたことがあった。どういうことか詳しく聞いてみると、彼らがある日本企業の人たちと議論をしていた際、「この国では政権が代わったばかりでまだその領域は法制度が整っていない」と告げると、「ならば、整備されるまで待って、それから進出を本格的に検討しましょう」といった話をされたのだという。日本以外の他の国のリーダーたちならば、「制度が整っていないなら、いまこそ進出の絶好機。制度づくりに参画して、こちらで有利になるようにつくってしまえる」と考えるというから、大違いだ。

　2つめの、企業の社内のみ存在する制度だが、評価制度にしても意思決定の仕組みにしても、本来あるべきは、グローバルで統一されたシンプルな制度のはずだ。Sの複雑性とは言うものの、グローバルな組織運営になったからといって、国ごとに異なるなど、社内の制度自体が複雑になっているようならば、それ自体を考え直した方がよい。リーダーの動き方としては、とりもなおさず、制度自体をシンプルにすることに注力すべきだろう。

　その前提で、企業の社内のみ存在する制度に関する、日本企業の日本人リーダーたちについての問題は、リーダーたちが現場で運用しきれていないということに帰する。多くの日本企業では、現場での人事制度や評価制度をはじめとして、さまざまな仕組みを整備しているが、その成果は当然ながら仕組みそのものが生むわけではない。結局のところ、それらをが現場でどのように運用できるかで決まるのだ。

　ここでは、制度を現場で適切に運用し、リーダーシップを発揮している日本人リーダーの具体的な動き方を紹介したい。

　ある日本企業で、上海の現地法人の社長を務める日本人の話だ。彼自身は現地の言葉もままならなくてずっと通訳をつけていたし、マネジャーたちも日本人ばかりという状況からの組織運営のスタートだった。しかし、その後、現地では非常に信頼を得て、現地採用の社員のモチベーションも高く離職率も低かった。他の日本企業の現地法人からその秘訣を教えて欲しいという要請がずいぶんあった。彼が語るには、とにかく制度に書いてある通りに現場

のマネジャーたちが運用することを徹底したことが、1つの要因だろうということだった。逆に言えば、日本にいたときには、制度に書いていないことがずいぶん運用されていたということに、外に出てみて気づいたとも言う。

　たとえば、制度では、ポジションはコンピテンシーで決まるし、評価は目標管理の成果で決まるとある。したがって、なぜあの人がこのポジションなのか、あなたがあのポジションになるにはどういうコンピテンシーの強化が必要なのか、具体的に何をして伸ばしていかなければいけないのか、について徹底してコミュニケーションするようにした。最初はマネジャーたちは日本人ばかりという状況の頃であっても、当然のことながら、そのポジションにいるのは日本人だからだということを一切理由にはせず、コンピテンシーを使って説明していったという。そのコンピテンシーを満たしたら誰であろうとマネジャー候補になれるし、満たしていなければマネジャーにはなれないという、シンプルなメッセージを発信し続けた。

　日本人マネジャーたちにとっても、赴任直後は彼の地で成果を出すにはどうしたらよいかと悩む人は少なくなかったが、日本にいたときには、面談の際にちらと見る程度だったコンピテンシーが、マネジャーたちの仕事の指針にもなり、ことあるごとに参照する、コミュニケーションツールになったという。せっかく存在している制度の効果のみならず、組織開発の成否は、現場のリーダーたちがどう運用するかで決まると言える。それは、制度に魂を入れる作業と言っても言い過ぎではないだろう。

> ✓ **まとめ**
> 　社会の許認可等の制度が整っていない段階こそむしろチャンスと捉える、あるいは、グローバル化によって制度が複雑化しているならば、シンプルにしようと動くことこそがSの複雑性に対処するリーダーの行動だ。そして、せっかく存在している制度を現場で徹底運用して、制度に魂を入れることが求められる。

6・9 Pの複雑性を乗り越える日本人リーダー
── グローバルファシリテーション力を発揮する

　我々のクライアントのある日本企業では、グローバルリーダーに必要な能力としてグローバルファシリテーションを位置づけ、そのスキルを身につけることを必須としている。これまで述べてきたように、ファシリテーションは、日本人がリーダーシップを効果的に発揮するのに適したスキルだ。ここでは、具体的にどのようなスキルであって、また、グローバルファシリテーションはどのようにファシリテーションと異なるのか、そして、このスキルを活用して日本人がどのようにリーダーシップを発揮できるのかを確認したい。

　ファシリテーションスキルとは、議論の中で、参加者の意見を引き出し、価値観や立場や利害の違いを乗り越えて、効果的な意見交換を促し、そして合意形成へと導いていくためのコミュニケーションスキルだ。グローバルなビジネスのシーンで、さまざまな価値観を持つ、そして立場も異なる世界の人々と意見の調整をしながら、同じ目的に向けて協働を促すリーダーシップが求められるグローバルリーダーにとっては、決して欠かせない、コアと言ってもよいコミュニケーションスキルである。

　我々はこのリーダーシップスキルの開発に数多く携わってきたが、我々が提供するグローバルリーダーに対するファシリテーション研修では、主として、一般のファシリテーション研修と以下のような点で異なるリーダーシップが発揮できるようにトレーニングする。

1. 物理的に離れた人たちをうまく巻き込む工夫を施す
2. 国や地域ごとで異なるファシリテーションの違いを理解する
3. グロービッシュで行う

1. 物理的に離れた人たちをうまく巻き込む工夫を施す

　ネットや電話やビデオでつながった環境で、必ずしも目の前にいない人たちに対する議論をリードするにはいくつかの工夫が求められる。たとえば、

議論の「的」のようなものが必要だ。的とは、フレームワークと言い替えてもよい。的があると、遠く離れた人たちであっても、頭の中に全員が同じ枠組みを共有して議論を進めることができるようになる。したがって、どんな議論の際も、常に的を用意するという意識がリーダーにあるだけで、議論の生産性も違ってくるし、何より、ファシリテーションを行うリーダーの負担も軽減されるはずだ。

たとえば、定例の進捗ミーティングの場合、用意すべき的は、①先週のアクションプラン、②先週からの進捗、③この場で全員で議論すべき点、④合意事項（来週までのアクションプラン）といったものになる。誰がいま何を話しているかを見失うことはなくなるし、たとえ見失う人がいても、議論に戻ってくることが容易になる。

2. 国や地域ごとで異なるファシリテーションの違いを理解する

ファシリテーションスキル自体は世界共通でも、国や地域によっては、ファシリテーションに求められることが異なる。たとえば、日本では、「なかなか会議で発言しない日本人に、いかに発言してもらうか」が、ファシリテーションを行うリーダーの腕の見せどころだ。しかし、インドなどで行うファシリテーションでは、「いかに発言を止めるか」の具体的なスキルを身につけておくことがリーダーに求められる。

たとえば、議論の途中でファシリテーターが強引に発言を止めること自体をルール化して認識してもらっておくことが欠かせないし、ファシリテーターがきわめて簡潔に要約することも、あるいは、本人に簡潔に要約してもらうことを促すといった行動も必要になる。

3. グロービッシュで行う

グロービッシュという言葉はすでに説明が不要になったほど最近では一般的になったが、2000語程度の単語を使った（しか使えない）グローバル・イングリッシュのことだ。

まだグロービッシュという言葉が一般的でなかった数年前、我々のアメリカ人コンサルタントがベトナムに出張に出かけた際、「あなたの英語はわかり

にくいから、もっとわかりやすい英語で話せ」と言われ、ショックを受けて帰ってきた。それを聞いて、我々は、必ずしもネイティブようには話せない日本人の方が有利になる時代がやってきたと思ったものだ。世界中で話されている英語の流通量のうち、英語ネイティブ同士の会話は、10％未満だという。90％以上は、ノンネイティブによる会話なのだから、もはやこちらの方が主流と言ってよいはずだ。

　グロービッシュを使った定型のフレーズを適切にファシリテーションする場で使えるようになっておくことを目指すことは、日本人のグローバルリーダーにとっては、言葉のハードルを下げるばかりか、これからのグローバルリーダーに欠かせないと考えると、むしろ俄然モチベーションを高めることになるだろう。

> まとめ
>
> 　Pの複雑性に対処するためのリーダーの行動として、グローバルファシリテーション力を発揮することが有効だが、①物理的に離れた人たちをうまく巻き込む工夫を施す、②国や地域ごとで異なるファシリテーションの違いを理解する、③グロービッシュで行う、といったトレーニングが効果的だ。

6・10　グローバルで効果的なリーダーシップを発揮するにはどうすべきか

　ここまで、いくつかの事例を通じてCSPの複雑性によるリーダーシップ発揮の難しさとその対処法を見てきた。では、このようなCSPの複雑性を乗り越え、6・4に述べたABCDEFを併せ持つグローバルリーダーは、どうやった

ら育成できるのだろうか？

　この点について、日産自動車のカルロス・ゴーン氏は東京大学に招かれて行った講演で「技術の進歩で、20年前と比べると、物理的に海外に行く重要性は減った。物理的に海外へ行かずして、業務を通じた海外経験することはできる」と前置きした上で、それでも「海外出向者として現地で生活しながらプロジェクトに参加することに代わる経験はない」と述べた。つまり、「生まれながらのグローバルリーダー、生まれながらのグローバル人材はおらず、これらは教育・経験等、時を経てつくられるもの」(ゴーン氏)なのだ。

　あるいは、一橋大学大学院国際企業戦略研究科教授の楠木建氏は「グローバル化の最大の壁は経営人材の不足にある」と語っている。その意味するところは「それまで慣れ親しんだロジックが必ずしも通用しない未知の状況で、商売を組み立てていかなくてはならない。これは特定の決まった範囲で仕事をこなす『担当者』では手に負えない仕事だ。商売丸ごとを動かし、成果を上げることができる『経営者』が不可欠になる」というものだ。そして、楠木氏はそのグローバルリーダーに必要な「経営者」の育成については、「経営人材は経験によってしか育たない。(中略)商売丸ごとを経験するという生身の経験を重ねるしかない」と述べている。

　ゴーン氏と楠木氏の意見には私たちも同感だ。私たちもビジネスを丸ごと運営する生身の経験をすることが、グローバルリーダー育成の最大の近道だと考えている。そして、育成を効率よく行っていくためには、次項以降で説明する「学びのサイクル」を自らの意志で回していくことが重要だと考えている。

　もちろん、その際にはグローバルリーダーを育てていこうとする組織にも覚悟が問われる。本人にどれほど高いポテンシャル、強い覚悟があったとしても、孤立無援では「学びのサイクル」を回していくことはできない。

　つまり、グローバルリーダーを育成しようとするのであれば、組織もそれに見合ったグローバル組織となり、失敗のリスクまで負う覚悟で「学びのサイクル」を回していく惜しみない支援をしていかなければならないのだ。

> ✓ **まとめ**
> ABCDEFの6つの要素を併せ持つグローバルリーダーを育成しようとするのであれば、組織もそれに見合ったグローバル組織となり、失敗のリスクまで含めたところで「学びのサイクル」を回していくべきである。

6・11 リーダーの学びのサイクルを構成する「経験」「客観視」「内省」「学習」

　ではここからは、グローバルリーダーを育成するための「学びのサイクル」が具体的にどのようなものかについて述べていきたい。

　我々は、「学びのサイクル」は、「経験」「客観視」「内省」「学習」という4つのプロセスによって構成されると考えている。グローバルリーダーに必要なABCDEFの6つの資質・行動は、単に知識として持てばよいものではなく、この学びのサイクルを通じて、思考や行動の習慣として身につけていくものである。グローバルな視点を持って、6つの資質・行動を高めるべく学びのサイクルを回すことが、グローバルリーダーへ至る道なのである。

①経験

　学びのサイクルは、「経験」させることがすべてのスタート地点になる。しかしそれは、鞄持ちとして単に見聞きさせることではないことに注意したい。日本企業はこの点を勘違いしがちだが、それでは「経験」でなく「見学」になってしまう。その人がそれ以前に学んできたことも含めて、実践できる場を与えていくことが必要になる。

　国内にいても、海外とのバーチャルチームプロジェクトへの参加、国内の日本人以外との協働など、グローバル体験をする場面は経験として有効であ

る。また、先に述べた通り、海外での業務経験はやはり代えがたいものとなる。ただし、いまだ多くの日本人駐在員がそうであるように、日本からの伝言役のみであったり、日本人駐在員だけがつるむ「日本人村」から出ないようでは、その機会を十分に生かしているとは言えない。ローカル人材との協働により成果を上げる、ローカルマーケットのニーズに肌で触れるという機会があるからこそ、self-AwarenessやBusiness insightを高め、Care、Direction、Execution、Facilitationを行う上でのCSPの複雑性を実感し、乗り越えることができる。

そのためには、赴任する際のミッションの与え方も大きく影響する。一例として「既存のビジネスを円滑に回すだけではなく、赴任先の国に対して、自身もしくは自社がどんな貢献ができるか、考えて提案をさせる」というのも効果的だ。ある電機メーカーの社員がスリランカを短期訪問した際に、農村部の電気が通っていない村の生活に触れ、なんとか貢献したいという思いを抱いて帰国した。その後、自社の太陽光パネルの普及などを検討していると聞く。現在の価格帯ではコスト面での難しさがあり、引き続き検討過程ではあるものの、これこそがビジネスを丸ごと考える経験そのものであろう。

そしてもちろん、組織はそれができるような環境を整えておかなければならない。具体的には実践に即した事前の研修、その場で適宜フォローできるようリーダーなどの配慮、与えたミッションを継続的に検討する機会の提供といったことだ。

②客観視

次のプロセスでは、グローバルな視点でのフィードバックにより「経験」を「客観視」させる。日本人以外との協働、グローバル環境での仕事を通じて、自らの強みは何が通用して、何が通用しないのか、世界のビジネスはどの方向に動いているのか、自らの目指した方向性は日本人以外にも納得して受け入れられたかなど、「経験」した内容を客観的に振り返ってみる。これは経験時の肌感覚が薄れないうちに、速やかに行う必要がある。うまくいったにせよ、失敗したにせよ、経験をそのまま放置してしまっては、その意味が半減してしまう。日本企業の中には、とりあえず若手を海外に行かせて、そ

こで成果を残した人がグローバルリーダーになればよいのだ、と考えるところもあるようだが、これではあまりに偶然に頼りすぎであり、合理的とはいえない。

　「客観視」をうまく行った人の多くが振り返るのが、日本人もしくは日本のビジネス環境の特異性だ。ホフステード氏やホール氏の文化的多様性についてはすでに2・8で述べているが、それらの多様性を自らの経験を通じて改めて認識するとともに、日本のビジネス環境が世界的に見れば特異であると気づく人が多い。一般的にいわれる質の高い労働力や、消費者が求める最低限の品質の高さ、商慣習の違いなど、日本とまったく同じ環境の国などないといってもよいだろう。この特異性に気づくことで、CSPの複雑性を理解し、6つの資質・行動をグローバルの視点で高めることの必要性がさらに身に染みる。

　一方、「客観視」のためには、「フィードバック」をしてくれる存在が欠かせない。その人材は国内のみしか知らないリーダーではなく、グローバルリーダーであるべきだ。まさに、グローバルリーダーを育てるのはグローバルリーダーの仕事なのである。これ以外に、実際に協働した日本人以外の人からのフィードバックもまた有効だ。異なる文化の視点から気づきを得ることを積み重ねることでグローバルレベルでの振り返りが可能になり、自身を客観視することがより可能になる。

③内省

　「内省」とは文字通り、自分自身の考えや行動を深く省みるということだ。客観視は、それを行っただけでは意味をなさない。客観視した結果に基づき、自分の強み・弱みは何か、最も大切にすべき信念とは何か、身につけるべきスキルは何か、といったことを自問自答し、自らの中にしっかりと意味づけを行う「内省」が重要だ。この際も、いかにグローバルな視点で意味づけを行えるかが大切だ。

　たとえば、タイに赴任しローカル人材を束ねたプロジェクトを率いたとする。プロジェクトの方向性を示し、メンバーの大きな抵抗もなく、プロジェクトも完遂したとする。では、これをもって、グローバルレベルで通用する

DirectionやExecutionの資質・行動を満たしている、と言えるだろうか。仮に、同じことをアメリカで行い、メンバーにはアメリカ人、メキシコ人がいたと想定したらどうだろうか。日本に対して好意的で上位者の指示に従う傾向が強いタイでできたことが、たとえば、合理的な説明を求める傾向の強いアメリカ人、感情のケアも配慮が必要なメキシコ人を相手にした場合、同じようにできるだろうか。もちろん、タイでうまくできたことについてその成果と成長を認めることが必要だが、その上で、タイでの環境的な要因も考慮し、グローバルレベルで意味づけや今後の活動を考えることが欠かせない。

　補足ではあるが、海外ではさまざまなストレスがかかる中で、自分自身の葛藤を紛らわすために、意識せずに相手を見下し、強い口調で接する人もいる。特に、同じアジア人に対してその傾向が出やすい。ただ、同じ人が欧米系の人に対しては決して強い口調にならず、逆にうまくいかない自身を卑下することが見られる。相手が誰であろうと、相手に配慮した上で、自ら主張すべきことをしっかり伝える、そのために常に6つの資質・行動をバランスよく意識して内省につなげてほしい。

　内省を効果的に行うには、客観視と同様、グローバルリーダーの支援が有効だ。内省の方向性をコーチングし、目指すべきゴールをグローバルレベルでの視点で設定するサポートが必要になる。

④**学習**

　最後の「学習する」では「内省」で得られた自分の弱みや足りない知識やスキルを、研修や周囲からの指導などを通して埋めていくという作業だ。もちろん、自分の強みをさらに強化していくという「学習」もある。日本人は特に、弱点に目を奪われてそこをカバーし平均値を上げようとする傾向にあるが、多様性を前提とするグローバルな環境下では、強みを伸ばすことにも注力するとよい。伸ばせば伸ばすほど、自分にとっての大きな武器となる。

　学ぶべき内容は多岐にわたるであろう。異文化への配慮を高めるためには、単なるコミュニケーションやファシリテーションのスキルだけでなく、歴史や社会情勢を知ることも必要かもしれない。また、ビジネスインサイトを高めるためには関係する業界や経営管理手法の世界の最新トレンドを知る、新

興国のマーケットニーズを探ることなどが必要になるかもしれない。

いずれにしても、次の2点は常に意識してほしい。

1) 世界レベルや世界全体を俯瞰して、それを学ぶことの必要性や位置づけを考えること。グローバルレベルで通用するか？ 文化や業界を学ぶとしたら、世界全体の中での位置づけはどうなのか？ といったことを常に意識し、俯瞰した視点を持つ。学ぶべき内容がグローバルな視点から体系立って整理されることで、将来、真の意味での全世界的な視点を手に入れることにつながるだろう。

2) 次の「経験」につなげること。学習したことは次の経験に活かさなければ何の効果も発揮しない。次の行動と経験につなげることを意識して、学習の中身や優先順位を定めていってほしい。これにより、学びのサイクルを効果的に、継続的に回していくことが可能になる。

まとめ

リーダーとしての「学びのサイクル」は、「経験」「客観視」「内省」「学習」という4つのプロセスによって構成される。グローバルリーダーに必要な6つの資質・行動は、この学びのサイクルを通じて身につけていくものである。

6・12 学びのサイクルを効果的に回していくためのコーチングのサポート

ここまで「学びのサイクル」の4つのプロセスについて、それぞれの意味と役割を整理した。このリーダーとしての「学びのサイクル」は、継続的に回していってこそ初めてその効果を発揮する。つまり、各プロセスの橋渡しを

どのようにしていくかということが重要だ（図表6-5）。各プロセスをつなぐためには、なによりも組織のサポートが欠かせない。この項ではグローバルリーダー育成に必要な、組織のサポートについて整理する。

まず「経験」から「客観視」の移行において、リーダーに対し、フィードバックの機会をふんだんに与える必要がある。しかもそれは「グローバルレベル」である必要があるのだが、現状は、多くの企業において、これができていない。

「日本は特別だから、グローバルレベルでのフィードバックは受け入れない、受け入れてもあまり意味がない」という心理が働いてしまうのだろう。しかし、いうまでもなく、そうした考えのままではグローバルリーダーの育成など夢物語だ。この課題を克服するためには、本人が、勇気をもって自分というビジネスパーソンがグローバルレベルでどのような存在であるのか、どのように見えているのかを知り、グローバルレベルでの評価を受け入れるような思考の転換をするとともに、組織ではグローバル経験者によるフィードバックを仕組み化することが必要になる。

海外での経験を積ませる際には、事前に誰がフィードバックを行うかを決めておくことが望ましい。フィードバックを行うには、どのような行動をとっているか、どのような成果をあげているか把握しておく必要がある。同じ拠点で勤務するリーダーからフィードバックを受けるのであれば、その過程も観察可能であるが、離れた拠点からフィードバックを与えるには、客観的な情報をどのように集めるかも考えておく必要がある。定期的に本人から情報共有を行う、現地の他のリーダーから報告を受けるなどの手段をあらかじめ決めて、フィードバック役がしっかり状況を把握できるようにしておこう。

次に「客観視」から「内省」の移行においては、まず、内省そのものの必要性を軽んじることをやめなければならない。

日本では個人の価値観・信念より、組織の価値観・信念を優先しがちだ。「内省」の大きな目的の1つは、「自らを省みることで己の信念を強くするとともに新たな課題を見つけ出す」ことであるが、価値観や信念がどうしても組織に引っ張られがちな日本においては、「内省」が難しい状況にあるといわざるを得ない。したがって、内省をしっかりと行うためには、コーチングなど

図表6-5　グローバルレベルで学びのサイクルを回す

の機会を設けることを制度化するなどして、きちんと内省の時間を取るなどの工夫が必要となる。

　海外赴任中のリーダーにコーチをつけることはお勧めだ。我々が接している海外赴任中のリーダーたちも、赴任中に受けたコーチングの効果を語る人は多い。ある人は、海外に赴任すると、世界が狭くなるのだと言っていた。会社が小さくなるし、接する人が、日本にいたときより限られてしまう。ポジションが上がって、好き勝手に文句が言えなくなり、周囲に気を遣わなければいけなくなる。相談できる人は周囲にいない。本社から離れて気楽になる部分がある一方で、孤独感も増すのだというのだ。そこでコーチングだ。経験していることを業務から離れた場で整理し、経験から効果的に学べるような機会にするのだ。

　ある会社では、社内のまったく海外とは関係ない部署の役員を、海外赴任中のリーダーのコーチにつけたということがあった。コーチングを行うのに、特に業務に精通している必要はないので、この組み合わせは非常によかったと聞いた。孤独感の解消のみならず、本人のモチベーションアップに大いに役立ったという。さらに、役員のグローバル意識への刺激にもなるという、

副次的な効果もあったと聞く。

「内省」から「学習」の移行においては、自己の弱み・課題の克服を意図とする研修機会が十分に提供されていないという現状がある。

どれほどしっかり内省できたとしても、それをサポートできる環境がなければ、弱みや課題を残したままで次の仕事に取りかからなければならなくなる。こうした状況は非常にもったいない。「学びのサイクル」を周回ごとにレベルアップさせていくためにも、特に日本企業においては、次代のリーダー候補であるマネジメント層に対して、実体験に基づいた知識を得ることのできるグローバルリーダーシップ研修などの機会を意識的に増やしていく必要がある。

最後は、次の「学びのサイクル」に入るための「学習」から「経験」への橋渡しだ。この移行については、学んだことを実践に生かせていないという現状がある。

たとえば、日本人は研修で学んだことを実践で使っていないということが多い。その理由を考えてみると、研修で学んだことを正しく理解し、その通りに使わないといけないという意識が強いため、自ら理解したことだけでもまずは使ってみるという意識が低い、あるいは使うために学んでいるという学習姿勢が足りないといったことが挙げられる。研修で学んだものを使うために、何か足りないものをないかを考えたり、それをあぶり出すために積極的に質問をしたりといった姿もあまり目にしない。

こうした姿勢を促すためにも、とにかくリーダー候補者には実践の場を数多く踏ませるしかない。実際にその場に立ち、肌感覚で必要性を感じれば、研修に臨む際の目の色が変わる。

組織としてできることを述べてきたが、グローバルリーダー育成のためには、とにもかくにも「経験」させることだ。リーダー候補の若手にプロジェクトの中枢をなす仕事を任せるというのは非常に勇気のいることで、組織にとってはまさに覚悟が問われる。しかし、グローバルリーダーを育成する上で「経験」は決して避けて通れない道だ。サポート体制も含めて、そのグローバルリーダー候補者にどこまで経験させることができるか。この点については、特に日本企業が弱いところであるが、いま一度、組織としてその必要性を認識しておく必要がある。

> ✓ **まとめ**
> 学びのサイクルを効果的に回し、各プロセスをつなぐためには、何よりも組織のサポートが欠かせない。実践によって得た経験をコーチング等によってフィードバックさせることを組織的に行う必要がある。

6・13 「学びのサイクル」を回していく最大の原動力

　グローバルリーダーはある日突然、生まれ出てくるものではない。また、ある年齢に達したからといって務まるものでもない。グローバルリーダーは意識的に働きかけなければ育成できないものであり、だからこそ、組織は長期的な視野をもって「学びのサイクル」を継続的に回していけるような環境を整えておかなければならない。

　とはいえ、周囲がどれだけ頑張ったところで、本人にその気がなければ「学びのサイクル」は回らず、グローバルリーダーは育たない。何よりも大事なのは、本人自らの想い、志を実現したいという気持ちだ。これこそが「学びのサイクル」を回していくための原動力となる。

　「学びのサイクル」では、学んだ知識を実践し、その経験を第三者的に客観視することによってさまざまな気づきを得る。そして、それを自らの感情に照らして内省することにより、強みや価値観・信念がより明確になる。それがさらに信念の実現に向けて今後身につけるべき新たな知識・スキルの認識につながり、新しい学びを得ていく。

　頭で理解するのはそう難しいことではないかもしれない。ただし、実際に行ってみればわかるように、その道のりは決して平坦ではない。ときにはす

べてを投げ出したくなることもあるだろう。そうした苦難を乗り越えるためにも、自らの想い、志を実現したいという強い気持ちが必要になる。そして、それらはまた、「学びのサイクル」を回していくことで強化されるものでもあるのだ。

> ✓ **まとめ**
> 組織は長期的な視野をもって「学びのサイクル」を継続的に回す環境を整えておかなければならない。ただし「学びのサイクル」を回していく最大の原動力は、志を実現したいというリーダー自身の強い気持ちにある。

6・14 まとめ：タレントマネジメントで人材を見きわめ育てる

　最後に、3・12でも触れた「タレントマネジメント」について、グローバルリーダー育成との関連においてもう一度取り上げよう。

　これまで日本企業は、グローバルリーダー候補を、非常に狭い対象範囲のなかから選択してきた。

　たとえば、業績に大きな差がつかない年功序列制にあって、特定の上司にかわいがられた人が、その忠誠と引き換えに守られてチャンスを与えられるということがかつてはままあった。このやり方は一理あると言えるかもしれない。上司の眼鏡にかなうということは、その人が能力はもとより、ビジョンや方向性についても、経営陣のそれと近いからだ。しかし、ビジョンや方向性は時代とともに変わるものでもある。特にグローバル化を進める中では、劇的な変化が起きる可能性が高い。そうした状況においては、経営陣の個人

的な感情にプライオリティを置いた登用はリスクを伴うばかりか、多分に偶然に頼るものになり、効率的とはいえない。また、そうすることで、さまざまな理由により眼鏡にかなわなかった能力のある若手が埋もれたり、組織に見切りをつけて離職してしまうということも考えられる。

　こうした事態を避けるためには、誰にとっても公正なマネジメントを行っていく必要がある。全社員に対し、透明性のある統一された基準により、公正な評価を行っていくことが、ひいては、効率的・継続的にグローバルリーダーを生み出していくことにつながる。

　そのためのベースとなるのが、タレントマネジメントだ。グローバルリーダーの効率的・継続的な育成のためには、タレントマネジメントにより人材を見きわめ「学びのサイクル」を回す機会を与えることが何よりも重要になる。

　たとえば、海外赴任に際しても、どのような人が選抜されるのかをオープンにすると同時に、そこではどのような成果が求められるのかも明示し、本人の今後のキャリアとどのように関係があるのかも明らかにしていく必要がある。

　これを「これから育成するのだから」という理由で、選抜の基準などをオープンにせずブラックボックス化し、失敗を重ねても本人の成長が重要だからという理由で成果に無頓着になってしまえば、「キャリアはやってみなければわからない」という「出たとこ勝負」になってしまう。これではあまりにお粗末だ。

　グローバルな組織開発においては、外国人登用が必然的に起こるようになる。グローバルリーダーは必ずしも日本人である必要はない。むしろ、能力があれば外国人を積極的に活用しない手はない。それを行っていくためにも、従来の日本のやり方ではなく、多種多様な背景を持つ人々が納得して理解できる人材の活用、つまりグローバルタレントマネジメントを活用していく必要がある。

✓ まとめ

グローバルリーダーの効率的・継続的な育成のためには、タレントマネジメントにより人材を見きわめ、国内外を問わない最適な人材に「学びのサイクル」を回す機会を与えることが何よりも重要になる。

おわりに

　我々は、クライアントの皆様の経営課題のうち、組織開発および人材開発の分野に絞って活動をご支援しています。クライアントの皆様が直面している組織開発や人材開発のご相談を受け、よりよい組織づくりのために、日々、ともに向き合い、ともに考え、ともに知恵を出し合っています。基本的には、1社1社、1つひとつの組織ごとに異なるサービスを提供することを生業とするコンサルティング会社です。

　しかし最近は、グローバル組織開発のご相談が増え、この分野に限っては、まだまだ世の中の取り組みが黎明期にあり、我々も1社1社の相談に乗るだけではなく、皆様との取り組みの経験を蓄積し、知見としてまとめて世の中に発信する意義があると考えるようになりました。そのために、数年前にグローバル組織開発のR&D（研究開発）チームを立ち上げました。

　このR&Dチームは、クライアントの皆様とともに組織課題に向き合う日々の忙しい業務の合間を縫ってそれぞれ活動し、グローバル組織開発の経験を共有し、知見をまとめ、そして執筆してきました。

　R&Dチームの執筆陣は、以下となります。

序　章　松村卓朗

第1章　松村卓朗・John McNulty

第2章　「チーム」R&Dチーム
　　　　折原隆・Michael Glazer・吉村浩一・宮澤友子

第3章　「ダイバーシティ」R&Dチーム
　　　　Jane Chen・山田奈緒子・吉村浩一・大西美穂・松岡未季

第4章　「バリューズ」R&Dチーム
　　　　齋藤正幸・John McNulty・安田太郎・栃木祐子・山口真宏・
　　　　大久保桂子

第5章　「チェンジ」R&Dチーム
　　　　平木憲明・吉村浩一・大山路子

第6章　「リーダーシップ」R&Dチーム
　　　　桑山政嗣・安田太郎・山口真宏・工藤真友美・大山路子

　R&D活動を始めてから数年経ちますので、本来ならばもっと早くに本を出せればよかったのですが、個々人の経験を組織内で共有し、また、文章にしていく作業は、想像を超えた労力と時間がかかってしまいました。しかしその間、「グローバル組織開発ハンドブックを出す」と宣言してから多くの皆様より、期待と励ましの言葉をいただきました。

　感謝を申し上げたい人はたくさんいますが、特にクライアントの皆様には、情報をお寄せいただき、個人のご経験を共有いただきました。この本は、クライアントの皆様とのグローバル組織開発の仕事を通じた経験がなければ絶対に生まれなかったと言えます。その意味では、これまで、プロジェクトや研修やワークショップで関わりを持たせていただいた数多くのクライアントの皆様に、1社1社1人ひとりのお名前を挙げられないまでも、まずもってお礼の言葉を述べさせていただきたいと思います。

　PFCの社内になりますが、PFCファウンダーの黒田由貴子には、何度も鋭い指摘をもらい、それによって議論が深まっていった箇所がたくさんありました。

　PFC取締役の阿部智恵子には、終始執筆作業を伴走してもらい、最後まで細かく丁寧に推敲をしてくれました。彼女がいなければこの本は日の目を見

ることがありませんでした。

　最後に、眞人堂の桐原永叔さん、ならびに東洋経済新報社の渡辺智顕さんには、編集作業および出版に向けての並々ならぬお力添えを頂きました。深く感謝申し上げます。本当にありがとうございました。

　本書をきっかけに、自組織でもグローバル組織開発の取り組みをより効果的に進めてみようと思う方が1人でも増えたなら、これに勝る喜びはありません。

　監修責任者
　（株）ピープルフォーカス・コンサルティング　代表取締役　松村卓朗

【著者紹介】
ピープルフォーカス・コンサルティング
組織開発（Organization Development: OD）のリーディングカンパニーとして、20年以上にわたり数多くの企業に対して、組織開発の手法を活用したコンサルティングや、ファシリテーションやリーダーシップなどの各種ワークショップ・研修をグローバルに展開している。著書に『組織開発ハンドブック』（東洋経済新報社）などがある。
ウェブサイト：http://www.peoplefocusconsulting.com

グローバル組織開発ハンドブック

2016年12月1日発行

著　者──ピープルフォーカス・コンサルティング
発行者──山縣裕一郎
発行所──東洋経済新報社
　　　　〒103-8345　東京都中央区日本橋本石町1-2-1
　　　　電話＝東洋経済コールセンター　03(5605)7021
　　　　　　　http://toyokeizai.net/

装　丁…………橋爪朋世
ＤＴＰ…………アイランドコレクション
印刷・製本……丸井工文社
編集担当………渡辺智顕
©2016 People Focus Consulting Co., Ltd.　　Printed in Japan　　ISBN 978-4-492-53386-4

本書のコピー、スキャン、デジタル化等の無断複製は、著作権法上での例外である私的利用を除き禁じられています。本書を代行業者等の第三者に依頼してコピー、スキャンやデジタル化することは、たとえ個人や家庭内での利用であっても一切認められておりません。

落丁・乱丁本はお取替えいたします。